MERIAN *live!*

Istanbul

Michael Neumann-Adrian ist Reiseautor mit jahrelanger Türkei-Erfahrung.
Christoph K. Neumann hat mehrere Jahre in Istanbul gelebt und lehrt nun als Professor für Turkologie in München.

 Familientipps
 Diese Unterkünfte haben behindertengerechte Zimmer

Preise für ein Doppelzimmer mit Frühstück:

€€€€ ab 150 €   €€ ab 60 €
€€€ ab 100 €   € bis 60 €

Preise für ein dreigängiges Menü ohne Getränke:

€€€€ ab 60 €   €€ ab 15 €
€€€ ab 30 €   € bis 15 €

Inhalt

Willkommen in Istanbul 4

 MERIAN-TopTen
Höhepunkte, die Sie sich nicht entgehen lassen sollten 6

 MERIAN-Tipps
Tipps, die Ihnen die unbekannten Seiten der Stadt zeigen 8

Zu Gast in Istanbul 10

Übernachten 12
Essen und Trinken 16
grüner reisen 22
Einkaufen 26
Am Abend 32
Feste und Events 36
Familientipps 38

◄ Die Moschee von Ortaköy (► S. 84) wird von der Bosporusbrücke überragt.

Unterwegs in Istanbul — 40

Sehenswertes 42
Von Hagia Sophia über Galaturm
bis Tokapı-Palast

Museen und Galerien 64
Von Archäologischen Museen über İstanbul Modern bis zum
Museum für türkische und islamische Kunst

Spaziergänge und Ausflüge — 70

Spaziergänge
Zum Pilgerziel Eyüp 72
Szeneviertel Galata 76
Von der Şehzade-Moschee zum Ägyptischen Basar 81

Ausflüge
Fahrt auf dem Bosporus 84
Moscheenstadt Edirne 87
Ausflug zu den Prinzeninseln 90
Yalova-Termal und Bursa 91

Wissenswertes über Istanbul — 92

Auf einen Blick 94	Kartenlegende 109
Geschichte 96	Kartenatlas 110
Sprachführer Türkisch 98	Kartenregister 120
Kulinarisches Lexikon 100	Orts- und Sachregister 125
Reisepraktisches von A–Z ... 102	Impressum 128

✳ Karten und Pläne

Istanbul .... Klappe vorne	Bosporus 85
Istanbul und Umgebung .. Klappe hinten	Edirne 89
Topkapı Sarayı 59	Untergrund-, Tram- und Vorortbahnen 107
Eyüp 73	Kartenatlas 109–119
Galata 77	Die Koordinaten im Text verweisen auf die
Lâleli 81	Karten, z. B. ► S. 118, B 18.

Extra-Karte zum Herausnehmen .... **Klappe hinten**

Willkommen in Istanbul
In dieser Metropole, bei der zwei Kontinente aufeinandertreffen, zeigt sich vielerorts eine faszinierende Widersprüchlichkeit.

Istanbul, Stadtteil Ortaköy: Morgens um sieben ist der zentrale Platz richtig idyllisch. Am Ufer des Bosporus schaukeln kleine Boote; und der eine oder andere Besitzer macht das seine fertig für den Tag. Das Wasser strömt mal grün, an einem anderen Tag ist es klar wie ein Spiegel; und im Mai oder Juni kann man an manchen Tagen Delfine vorbeischwimmen sehen.

Wer sich das anschaut, sind einige Rentner und Frühaufsteher auf ihrem Morgenspaziergang, ein Gymnasiast in seiner Schuluniform, der heute schwänzen wird, und die beiden Straßenkehrer, die der Stadtteil Beşiktaş jeden Morgen herschickt, um die Abertausende von Zigarettenkippen und die eine oder andere Scherbe aufzukehren, die vom Abend übrig sind – denn Ortaköy ist ein aufstrebendes Trend- und Ausgehviertel Istanbuls. Rıfat ist einer von ihnen; und er wechselt mit jedem, den er schon häufiger gesehen hat, ein paar Worte über das Wetter, die Kinder oder die neueste Baustelle, die das Gesicht Ortaköys wieder einmal verändern wird.

Metropole in Aufbruchstimmung

Um Viertel nach sieben taucht die Nase des Stadtdampfers vom Bosporus hinter der filigranen neobarocken Moschee auf, die hier gleich am Wasser steht. Er wird Pendler ins histori-

◄ Europäisch orientiert und islamisch geprägt präsentiert sich Istanbul.

sche Zentrum bringen, in dem es immer noch viele Ämter gibt. Der Platz belebt sich rund um die Anlegestelle; und dann beginnen auch die Besitzer der Teehäuser und Cafés mit ihren Vorbereitungen. Und wenn es Sonntag ist, kommen die Standbesitzer, die hier Markt mit Kunst und Kitsch halten. In den Teehäusern, die einen großen Teil des Platzes mit ihren von Markisen beschatteten Tischen füllen, ist immer etwas los; bei Kälte werden Heizstrahler aufgestellt. Hier treffen sich viele zum Backgammon; Liebespaare kommen her, und Hausfrauen nach dem Einkauf in den schicken Geschäften hier nahe am Ufer oder den vielen kleinen Läden aller Art auf der anderen Seite der Straße den Bosporus entlang.

Dazu gesellen sich die Touristen, die hier sind, um sich die Moschee anzusehen, und das Viertel um sie herum – mit Synagoge und Kirche ein Beispiel dafür, wie in Istanbul zu osmanischer Zeit die Religionen nebeneinander existierten. Es wird voll in Ortaköy, laut und lebendig; und von den kleinen alten Häusern des Viertels ist kaum eines noch bewohnt: Cafés, Restaurants und Boutiquen haben die Bewohner verdrängt. Bootsunternehmer rufen Bosporusrundfahrten aus, und überall wird Essen angeboten: eine ganze Gasse nur mit Ständen, die *kumpir* anbieten, gebackene, mit allen möglichen Zutaten gefüllte Kartoffeln (das Wort kommt von der deutschen »Krumbeere«). Zur einen Seite steht der alte Sommerpalast Feriye für exklusive Abendveranstaltungen zur Verfügung; zur anderen sind die Außenmauern der gigantischen, doch abgebrannten Ufervilla der Prinzessin Sema, mit einer Innenstruktur aus Plexiglas und Stahl, ebenfalls als postmodernes Venue anzumieten. Jeden Abend gibt es in Ortaköy Feuerwerk, was sich gut macht zwischen der illuminierten Moschee und der Brücke über den Bosporus, die mit ausgeklügelten Lichterspielen beleuchtet wird. Gleich hinter ihren mächtigen Pylonen kommt man zu Leyla und Reina, den Großdiskotheken der Extraklasse. Gedränge, Stau und Hupen bis weit nach Mitternacht, am Wochenende bis gegen Morgen, kurz bevor der Straßenkehrer Rıfat seine Arbeit aufnimmt.

Cool Istanbul

Istanbul strahlt, und dazu lässt die Stadt es krachen. Noch vor wenigen Jahren betrachtete man das ehemalige Neue Rom, das als Konstantinopel Hauptstadt der Byzantiner und Osmanen war, als eine schöne, doch problembeladene Drittweltmetropole am Rande Europas. Heute gilt die gleiche Stadt als cool. Künstler und Musiker aus aller Welt siedeln sich an; und die Literatur der Stadt hat ihren Nobelpreisträger: Orhan Pamuk.

Was hat sich verändert? Alles ist ja noch da: zum Glück die Reste und Schätze der Vergangenheit, die Hagia Sophia, die Moscheen und Paläste, leider auch die Armut, die Infrastrukturprobleme und die sozialen Abgründe, die sich wohl sogar noch vertieft haben. Dazugekommen sind das Geld der Globalisierung und die Weltoffenheit einer Stadt, die wieder Metropole sein darf. Anstrengend ist sie, die Schöne am Bosporus; aber wer könnte eine europäische Stadt nennen, die temperamentvoller, widersprüchlicher und interessanter ist?

MERIAN-TopTen
MERIAN zeigt Ihnen die Höhepunkte der Stadt: Das sollten Sie sich bei Ihrem Besuch in Istanbul nicht entgehen lassen.

1 **Kapalı Çarşı (Gedeckter Basar)**
Tausende von Läden, Hunderte von Werkstätten, Gerüche, Farben und das Gewirr aller nur denkbaren Sprachen (▸ S. 28).

 Internationales Musikfestival
Das Treffen der Musikkulturen unter Mitwirkung diverser Weltstars bestimmt im Frühsommer Istanbuls Kulturleben (▸ S. 37).

 Ayasofya (Hagia Sophia)
Die gewaltige byzantinische Kirche Justinians (erbaut 537) ist immer noch das Symbol Istanbuls (▸ S. 45).

 Galata Kulesi (Galataturm)
Von hier reicht der Blick über die ganze Pracht der Stadt – der Gegenwart und der vergangenen Jahrhunderte (▸ S. 50).

 Kariye Camii (Chora-Kirche)
Höhepunkt spätbyzantinischer Kunst: Fresken und Mosaiken des 14. Jh. (▸ S. 51).

 Süleymaniye Camii (Süleymaniye-Moschee)
Die Moschee ist ein Meisterwerk osmanischer Architektur (▸ S. 55).

 Topkapı Sarayı (Topkapı-Palast)
Unbezahlbare Schätze, einst von Sultanen hinterlassen, sind hier zu bestaunen (▶ S. 58).

 Arkeoloji Müzeleri (Archäologische Museen)
Die Museen zeigen die schönsten Funde der anatolischen und arabischen Provinzen des Osmanenreichs (▶ S. 65).

 Eyüp
Die Gegend um das Grab Ayyub al-Ansaris ist Ziel vieler Pilger. Hier ist Istanbul am orientalischsten (▶ S. 72).

 Fahrt auf dem Bosporus
Das »blaue Band« zwischen Europa und Asien bietet spektakuläre Landschaften (▶ S. 84).

MERIAN-Tipps
Mit MERIAN mehr erleben. Nehmen Sie teil am Leben der Stadt und entdecken Sie Istanbul, wie es nur Einheimische kennen.

 Hotel Pera Palace
Das nostalgische Luxushotel ist das ästhetisch reizvollste der Stadt (▶ S. 14).

 Hotel Halki Palas
Auf der Prinzeninsel Heybeli gelegen, verbinden sich der Charme des 19. und der Komfort des 21. Jh. (▶ S. 15).

 Deniz Park (Aleko'nun Yeri)
Fischessen direkt am Ufer des Bosporus, mit Raffinesse zubereitet – ein Höhepunkt jeder Istanbul-Reise (▶ S. 18).

 Karaköy Lokantası
Anatolische Spezialitäten zu angemessenen Preisen in der Hafengegend (▶ S. 20).

 Restaurant Changa
Avantgardistische Küche unter Einbeziehung türkischer kulinarischer Traditionen (▶ S. 21).

 Mısır Çarşısı (Ägyptischer Basar)
Wie eh und je werden hier Gewürze, getrocknete Früchte, Rinderschinken, Lokum und Käse verkauft (▶ S. 28).

 Babylon
Der legendäre Musikklub bietet ein Weltklasseprogramm mit Jazz, Latin und Avantgarde (▶ S. 33).

 Roxy
In dieser Disco-Bar gibt es alles zwischen avantgardistischem Industriesound und »Golf«-Rock (▶ S. 34).

 Yerebatan Sarayı (Yerebatan-Zisterne)
336 Säulen, eingetaucht in farbiges Licht – diese Zisterne ist ein Erlebnis (▶ S. 62).

 Sabancı Üniversitesi Sakip Sabancı Müzesi
Stattliches Museum mit großartigen Ausstellungen (▶ S. 66).

Der Ägyptische Basar (▶ MERIAN-Tipp, S. 28) ist bekannt für seine große Auswahl an Trockenfrüchten, die natürlich auch als Mitbringsel beliebt sind.

Zu Gast in Istanbul

Die Metropole zwischen zwei Kontinenten ist so voller Leben wie ein ganzes Land: Berühmt ist die türkische Küche, und auch Istanbuls Nachtleben steht dem von Paris oder London in nichts nach.

Übernachten
Schlafen wie ein Sultan kann man in Istanbul, wo sich Komfort von heute mit dem Ambiente vergangener Jahrhunderte verbindet. So vielfältig wie die Stadt sind die Herbergen, die sie bietet.

◄ Im Hotel Pera Palace (► MERIAN-Tipp S. 14) kann man auch fürstlich speisen.

Sagenhafter Luxus? Familiäre Atmosphäre? Ein Haus mitten im historischen Zentrum der Stadt? Oder einfach nur eine preiswerte Bleibe? In Istanbul gibt es wirklich alles. Wobei auf den nächsten Seiten kaum eines der vielen bescheideneren Hotels des Viertels Lâleli/Aksaray erwähnt wird. Nicht, weil sie schlecht sind, sondern weil sie einander meist sehr ähneln. In diesem Führer finden nur Häuser Platz, deren Konzept und Lage besonders gelungen sind.

Hotel-Legenden

Deswegen übergehen wir auch einige der berühmtesten Häuser. Gründe des Geschmacks verbieten uns etwa, den völlig verkitscht eingerichteten ehemaligen Çırağan-Palast und das aus dem alten Gefängnis von Sultanahmet hervorgegangene Four Seasons zu empfehlen.

Nostalgie-Adressen

Erfreulich ist die Entwicklung in Sultanahmet. Hier werden historische Wohnhäuser zu Hotels umgebaut. Die Zimmer sind meist nicht besonders groß, die Betreiber dafür umso engagierter und die Atmosphäre fast freundschaftlich und familiär.
Und schließlich Beyoğlu, das Hotelviertel des 19. Jh. Wer Istanbul wegen des Essens, des Shoppings und des Nachtlebens besucht, sollte bevorzugt eine Bleibe in dieser belebten Gegend buchen.

Preise für ein Doppelzimmer mit Frühstück:
€€€€ ab 150 €   €€ ab 60 €
€€€ ab 100 €   € bis 60 €

HOTELS €€€€
Intercontinental Ceylan
► S. 114/115, C/D 9

Für Business und Tourismus • Was jahrzehntelang das Sheraton war, ist total renoviert als Intercontinental neu eröffnet worden. Eine Welt des Luxus und des Sports mitten in der Stadt. Hauptattraktion: das deutlich beste Panoramarestaurant Istanbuls.
Taksim • Asker Ocağı Cad. 1 • Verkehrsknotenpunkt Taksim • Tel. 02 12/3 68 44 44 • www.interconti.com • 445 Zimmer • ♿ • €€€€

Les Ottomans
► S. 115, nordöstl. F 9

Orientalischer Traum • In Toplage direkt am Bosporus vereint dieses Hotel Luxus und Komfort mit einer wunderbaren Aussicht.
Kuruçeşme • Muallim Naci Cad. 68 • Anlegestelle Kuruçeşme • Tel. 02 12/3 59 15 00 • www.lesottomans.com • 10 Zimer und Suiten • €€€€

Ortaköy Princess ► S. 85, b 3

Mitten im In-Viertel am Bosporus • Ortaköy ist ein freundliches Viertel am Bosporus mit bewegtem Nachtleben; und das Princess passt perfekt hierhin: komfortables 5-Sterne-Hotel mit Rock House Café, Dachterrasse und türkischem Bad.
Ortaköy • Dereboyu Cad. 36/38 • Anlegestelle Ortaköy • Tel. 02 12/2 27 60 10 • www.ortakoyprincess.com • 85 Zimmer • ♿ • €€€€

Richmond Hotel ► S. 114, A/B 11

An der lebendigsten Straße • Das einzige Hotel, das direkt an der belebten İstiklâl Caddesi liegt, kaschiert geschickt seine Größe: Die gläserne Fassade umfängt eine Front aus dem 19. Jh.

Beyoğlu • İstiklâl Cad. 445 • Tramhaltestelle Tünel • Tel. 02 12/2 52 54 60 • www.richmondhotels.com.tr/Otel_Istanbul.htm • 206 Zimmer • €€€€

HOTELS €€€
Anemon Galata Hotel ▸ S. 113, F 8
Blick über die Minarette • Kleines Hotel gegenüber dem Galataturm. Schöne Suiten, vom Dachrestaurant mit Weinbar ein wunderbarer Blick über das Goldene Horn.
Galata • Bereketzade M. Büyükhendek Cad. 11, Kuledibi • Tramhaltestelle Tünel • Tel. 02 12/2 93 23 43 • www.anemonhotels.com • 30 Zimmer • €€€

MERIAN-Tipp

PERA PALACE ▸ S. 114, A 11
Was haben Giscard d'Estaing mit Greta Garbo, Sarah Bernhardt, Jacqueline Kennedy Onassis, Mata Hari, Agatha Christie und Inge Meysel gemeinsam? Sie alle waren Gäste im Pera Palace. Das 1892 gegründete Luxushotel wurde gründlich renoviert, ja museal restauriert. 2010 wiedereröffnet, glänzt es jetzt mit nostalgischem Luxus inklusive eigenem Atatürk-Museum in Raum 101. Wer sich das Zimmer nicht leisten mag, kann an der Bar einen Cocktail genießen, in der Patisserie Kuchen essen, im Kuppelraum einen Tee nehmen – oder eines der luxuriösesten türkischen Bäder der Stadt besuchen.
Beyoğlu • Meşrutiyet Cad. 52 • Verkehrsknotenpunkt Tünel • Tel. 02 12/3 77 40 00 • www.perapalace.com • 115 Zimmer, 6 Suiten • €€€€

Ayasofya Konakları ▸ S. 119, E 19
Schlafen im Schatten des Palastes • Diese Pensionen sind in den heute wiederhergestellten Holzhäusern an der Mauer des Topkapı-Palastes mit Blick auf die Hagia Sophia untergebracht.
Sultanahmet • Soğukçeşme Sk. • Tramhaltestelle Sultanahmet • Tel. 02 12/5 13 36 60 • www.ayasofyakonaklari.com • 64 Zimmer • ♿ • €€€

Daphnis Hotel ▸ S. 112, B 7
Wohnhausatmosphäre • In einem alten Stadthaus gleich beim Ökumenischen Patriarchat eingerichtetes kleines Hotel im Stil des 19. Jh.
Fener • Dr. Sadık Ahmet Cad. 12 • Bootsanlegestelle Fener • Tel. 02 12/5 31 48 58 • www.daphnis.com.tr • 16 Zimmer • €€€

Sed Oteli ▸ S. 115, D 10
Blick über Istanbuls Meere • Gut geführtes Haus mit wunderbarem Blick auf den Bosporus und gutem Service nahe des Taksim-Platzes.
Ayaspaşa • Besaret Sk. 4 • Bushaltestelle Gümüşsuyu • Tel. 02 12/2 52 27 10 • www.sedhotel.com • 50 Zimmer • €€€

Yeşil Ev ▸ S. 119, E 19
Wie ein osmanischer Großbürger • Das »Grüne Haus« ist eine sorgfältig restaurierte Stadtvilla, eingerichtet im Stil des späten 19. Jh. Der Gast erlebt den Luxus des Generaldirektors der osmanischen Monopolverwaltung. Zwei Gehminuten zur Hagia Sophia.
Sultanahmet • Kabasakal Cad. 5 • Tramhaltestelle Sultanahmet • Tel. 02 12/5 17 67 85 • www.yesilev.com • 19 Zimmer • €€€

HOTELS €€

Dersaadet Hotel ▶ S. 119, D 20
Erinnerung an das alte Sultanahmet • Ein Boutiquehotel, das etwas von dem besonderen Gefühl eines osmanischen Stadthauses vermittelt. Zimmer und Dachterrasse mit Blick über das Marmarameer.
Sultanahmet • Küçükayasofya Cad. Kapıağası Sk. 5 • Bahnstation Cankurtaran, Tramhaltestelle Sultanahmet • Tel. 02 12/4 58 07 60 • www.hoteldersaadet.com • 17 Zimmer • €€

Tashkonak ▶ S. 119, D 20
Heimelig-historisch • Kleines Hotel mit Garten (Rest byzantinischer Kirche), Terrasse, Internet.
Sultanahmet • Küçükayasofya Cad., Tomurcuk Sk. 5 • Vorortbahn nach Cankurtaran • Tel. 02 12/5 18 28 82 • www.hoteltashkonak.com • 32 Zimmer • €€

Vardar Palace Hotel ▶ S. 114, C 10
Neo-orientalischer Stil • In einem Haus aus dem ausgehenden 19. Jh. untergebrachtes Hotel gleich in der Nachbarschaft des Taksim-Platzes. Die Ausstattung ist eher funktional.
Taksim • Sıraseviler Cad. 54–56 • Verkehrsknotenpunkt Taksim • Tel. 02 12/2 52 28 88 • www.vardarhotel.com • 40 Zimmer • €€

Villa Zürich ▶ S. 114, C 11
Im Künstlerviertel • Das Viertel Cihangir in unmittelbarer Nähe des Taksim-Platzes ist derzeit groß in Mode. Mitten drin im Szeneviertel liegt dieses Hotel voller freundlicher Understatements.
Cihangir • Akarsu Cad. 44–46 • Verkehrsknotenpunkt Taksim • Tel. 02 12/ 2 93 06 04 • www.hotelvillazurich.com • 45 Zimmer • €€

MERIAN-Tipp

HALKI PALAS
▶ Klappe hinten, d 4
Älter, intimer und luxuriöser als das berühmte Hotel Pera Palace ist das Halki – aber nahezu unbekannt. Auf der Südseite der Prinzeninsel Heybeli (griechisch: Halki) gelegen, verbindet das Haus den Charme der Großbourgeoisie des 19. Jh. mit allem Komfort des 21. Jh. Eine Dampferstunde von der Innenstadt entfernt (private Bootsverbindung vorhanden) kann man hier Ferien im Grünen machen.
Heybeliada • Refah Şehitleri Cad. • Dampferanlegestelle Heybeliada • Tel. 02 16/3 51 00 25 • www.halkipalacehotel.com • 45 Zimmer • €€€€

HOTELS €

Sultan's Inn ▶ S. 119, D 20
Klein und familiär • Gästehaus mit Dachterrasse im Schatten der Kirche der Hl. Sergios und Bakchos.
Sultanahmet • Mustafa Paşa Sk. 50, Küçükayasofya Mah. • Tramhaltestelle Sultanahmet • Tel. 02 12/6 38 25 62, 6 38 25 63 • www.sultansinn.com • 17 Zimmer • €

Sunrise Hotel ▶ S. 119, D 20
Gutes Preis-Leistungs-Verhältnis • Kleines Hotel in einer ruhigen Ecke Sultanahmets. Hübsch eingerichtete Zimmer, Speiseterrasse mit Blick auf die Blaue Moschee.
Sultanahmet • Küçük Ayasofya Caddesi 36 • Tramhaltestelle Sultanahmet • Tel. 0212/517 78 58 • www.sunrisehotelistanbul.com • 15 Zimmer • €

Essen und Trinken
Ihre Küche, so türkische Gourmets, gehöre mit der Frankreichs und Chinas zu den drei großen der Welt. Als besondere Köstlichkeiten gelten die kalten und warmen Vorspeisen.

◂ Hacı Bekir (▶ S. 21) zählt zu Istanbuls bekanntesten Konditoreien.

Was für Kunstwerke gilt, gilt auch für Rezepte: Zentren der Macht und des Reichtums ziehen sie aus allen Himmelsrichtungen an. Im osmanischen Palast und den riesigen Haushalten der Großen des Reiches wurde verfeinert und verbessert, was man auf Verwaltungsstation oder Feldzug in den Provinzen kennengelernt hatte. So vereint die türkische und zumal die Istanbuler Küche alle guten Eigenschaften balkanischer, anatolischer, arabischer und kaukasischer Kochkunst – sofern nicht religiöse Tabus das verhinderten.

Istanbuls Küche: ein kulinarischer Schmelztigel

Groß ist auch die Vielfalt der Plätze, an denen man essen kann. Es beginnt mit dem Straßenhändler, der einen einfachen Sesamkringel (»simit«) für 50 Cent verkauft oder eine gebackene Kartoffel mit Beilagen (»kumpir«) für das Zehnfache dieses Preises. Ein »pide salonu« hat mit Hackfleisch oder Käse belegten gebackenen Brotteig zu bieten, ein »döner salonu« die dünnen Fleischscheiben, die gegrillt und vom Spieß geschnitten werden – man sollte darauf achten, dass kein Hackfleisch dabei ist. Der nächste Schritt nach oben sind die »kebap salonu« oder »lokanta« genannten Lokale, die eine größere Auswahl an Speisen bieten, allerdings nur bei Letzteren sicher auch Gemüsegerichte. Eine Lizenz zum Verkauf von Alkohol besitzen sie nur selten.
Die **Hauptmahlzeit** ist das Abendessen. Es bietet sich an, hierzu ein einfaches »meyhane« (Lokal mit Alkoholausschank), eine gehobenere »lokanta« oder ein »restoran« (Restaurant) aufzusuchen.

Die hohe Kunst der Vorspeisen

Ein »vollständiges« türkisches Mahl beginnt mit **kalten Vorspeisen**, den »mezeler«, die zur Auswahl auf einem großen Tablett gebracht werden. Dann folgen »sıcak mezeler« oder »ara sıcaklar«, warme Zwischengerichte. Diese ersten beiden Gänge sind kulinarisch oft viel anspruchsvoller als der Hauptgang, der meistens aus gegrilltem Fleisch oder Fisch mit Salat besteht. Fisch gibt es in Istanbul natürlich in großer Auswahl; die Produkte zweier Meere kommen hier auf den Tisch.

WUSSTEN SIE, DASS …

… man im Türkischen für »Prost« »şerefe« sagt und dass das »auf die Ehre« heißt?

Zum Essen wird neben Wasser »raki« (Anisschnaps) getrunken, aber »bira« (Bier) und die meist trockenen türkischen »şarap« (Weine) sind natürlich auch im Angebot. Das alkoholfreie »ayran«, ein Getränk aus Joghurt, Wasser und Salz, ist besonders im Sommer ein hervorragender Durstlöscher und Mineralienlieferant.
Zum Ausklang eines Essens reicht man manchmal Obst und trinkt immer einen »çay« (Tee) oder türkischen »kahve« (Kaffee), der »sade« (ungesüßt), »orta« (leicht gezuckert) oder »şekerli« (süß) bestellt wird.

Preise für ein dreigängiges Menü:

€€€€ ab 60 €	€€ ab 15 €
€€€ ab 30 €	€ bis 15 €

FISCHRESTAURANTS

Cibali Balıkçısı ▶ S. 112, B 7
Mit Blick über das Goldene Horn • Das bekannte Lokal gleich bei der Kirche des Seefahrerheiligen Nikolas bietet ein breites Angebot an Vorspeisen sowie Fische aus den Meeren Istanbuls. Am Wochenende im Obergeschoss türkisch-osmanische Live-Musik.
Cibali • Abdülezel Paşa Cad. 257 • Dampferanlege- und Bushaltestelle Fener • Tel. 02 12/5 34 10 79 • www.cibalibalikrestaurant.com • €€€

Suna'nın Yeri ▶ S. 85, b 3
Lauschig unter Bäumen • Direkt an der Anlegestelle von Kandilli am Bosporus stehen Tische auf dem Platz bei der Moschee. Deswegen wird der Rakı hier halb im Geheimen serviert und dunkles Bier »Spezial-Cola« genannt. Kleine Karte, exzellenter Fisch, noch besserer Blick.
Kandilli • Kandilli İskele Cad. 4–17 • Dampferanlege- und Bushaltestelle Kandilli • Tel. 02 16/3 32 32 41 • €€€

MERIAN-Tipp

DENIZ PARK (ALEKO'NUN YERI) ▶ S. 85, b/c 2
Fische zuzubereiten ist eine heikle Sache, und nur wenige Restaurants beherrschen diese Kunst so sehr wie das Deniz Park. Darüber hinaus sitzt man direkt am Wasser und genießt den Bosporus. Reservierung empfohlen!
Yeniköy • Daire Sk. 9 • Dampfer- und Bushaltestellen Yeniköy • Tel. 02 12/2 62 04 15 • tgl. 11–24 Uhr • €€€€

KEBAP

Hamdi Et Lokantası ▶ S. 118, C 17
Kebap vom Besten • Kebap-Lokal mit schöner Dachterrasse gleich neben dem Ägyptischen Basar. Probieren Sie den Kebap mit Pflaumen!
Eminönü • Tahmis Cad., Kalçın Sk. 17 • Verkehrsknotenpunkt Eminönü • Tel. 02 12/5 28 03 90 • tgl. 11–24 Uhr • €€€

Develi ▶ S. 116, C 16
Küche des türkischen Südostens • Einer der großen »kebapçı« der Stadt, die sich auf die Zubereitung von hervorragenden Fleischgerichten spezialisiert haben. Das Restaurant, das bereits seit 1912 existiert, liegt in dem verarmten, aber interessanten Viertel Imrahor, ist selbst aber sehr chic.
Samatya • Balıkpazarı, Gümüş Yüzük Sk. • Bahnstation Kocamustafapaşa • Tel. 02 12/5 29 08 33 • tgl. 12–24 Uhr • €€

MEYHANE – MEZE UND RAKI

Asmalı'da Cavit ▶ S. 113, F 7
Ausgezeichnete Weinkarte • Das gemütliche Lokal nimmt neben dem Rakı auch den Wein ernst. Besonders zu empfehlen: die Teigspeise »paçanga böreği« und gegrillter Tintenfisch. Die Atmosphäre ist trotz des Gedränges (vor allem am Wochenende) familiär.
Beyoğlu • Asmalı Mescit Sok. 42 • oberer Ausgang des Tünels, Metro Şişhane • Tel. 02 12/2 92 49 50 • Mo–Sa 12–2 Uhr • €€€

Sofyalı 9 ▶ S. 113, F 7
Hübsches Interieur • In einem historischen Gebäude werden hier neben den allseits bekannten Meze Istanbuler Spezialitäten serviert,

etwa gefüllter Mangold (»pazı dolması«). Die Straßen um das Lokal haben sich zu einem der belebtesten Abschnitte Beyoğlus entwickelt.
Beyoğlu • Asmalımescit, Sofyalı Sok. 9 • oberer Ausgang des Tünels, Metro Şişhane • Tel. 02 12/2 45 03 62 • www.sofyali.com • Mo–Sa 11–2 Uhr • €€

REGIONALE KÜCHEN

Fıccın ▶ S. 112, F 7

Trendrestaurant • Der Kaukasus hat viele Verbindungen mit der Türkei; zudem haben sich ungezählte tscherkessische Flüchtlinge in dem Land angesiedelt. Die kaukasisch-türkische Küche des nach einem Teiggericht benannten Restaurants Fıccın ist derart erfolgreich, dass es sich über eine ganze Seitenstraße der İstiklâl Caddesi ausgebreitet hat.
Beyoğlu • Kallavi Sok. 13–7 • Tramhaltestelle Galatasaray • Tel. 02 12/ 2 43 85 53 • www.ficcin.com • tgl. 7–24 Uhr • €€

Siirt Şeref Büryan Kebap Salonu
▶ S. 118, A 17

Kurdische Spezialitäten • Gleich am Valens-Aquädukt, beim Markt der Kurden aus Siirt, gibt es Spezialitäten aus dem fernen Südosten des Landes: etwa im Erdofen gegrilltes Lamm oder »perde pilavı«, ein aromatisches Reisgericht mit Huhn und Mandeln, das unter einer Teighaube gegart wird.
Fatih • İtfaiye Cad. 4 • Bushaltestelle Saraçhane • Tel. 02 12/6 35 80 85 • tgl. 9.30–24 Uhr • €

TÜRKISCHE KÜCHE TRADITIONELL

Hacı Abdullah 🍴 ▶ S. 114, B 10
Wie vor hundert Jahren • Ständig wechselnde Karte, Gerichte der türkischen bürgerlichen Küche, hausgemachtes Salzgemüse (»turşu«) und Kompotte, dazu penible Sauberkeit und zentrale Lage, allerdings kein Alkoholausschank.
Beyoğlu • Sakızağacı Cad. 19 • Verkehrsknotenpunkt Taksim • Tel. 02 12/ 2 93 85 61 • tgl. 11.30–22 Uhr • €€

»Simit« (▶ S. 17), die knusprigen Sesamkringel, bieten Straßenhändler an.

Pandeli ▶ S. 118, C 17
Edles über dem Bazar • Über dem Ägyptischen Basar in einem verhältnismäßig niedrigen Raum sitzt man hier an weiß gedeckten Tischen, staunt über die alte Fliesendekoration und beschließt, dass zu so gutem Essen auch zu dieser Tageszeit ein Glas Wein gehört: Denn Pandeli hat nur mittags geöffnet. Reservieren!
Eminönü • Mısır Çarşısı • Verkehrsknotenpunkt Eminönü • Tel. 02 12/5 27 39 09 • www.pandeli.com.tr • Mo–Sa 11–16 Uhr • €€

Kanaat Lokantası ▶ S. 85, b 4
Bodenständig • Traditionsrestaurant ganz in der Nähe des Hauptplatzes von Üsküdar. In dieser Gegend ganz klar: kein Alkohol!
Üsküdar • Selmanipak Cad. 25 • Verkehrsknotenpunkt Üsküdar • Tel. 02 16/5 53 37 91 • tgl. 11.30–2.30 Uhr • €

Mutfak Dili ▶ S. 113, E 8
Guter Mittagstisch • Hinter dem Basar Mehmeds II. und nicht ganz leicht zu finden. Traditionelle Istanbuler Küche auf hohem Niveau. Kein Alkoholausschank.
Karaköy • Ziyalı Sok. 10 • Verkehrsknotenpunkt Karaköy • Tel. 02 12/ 2 54 11 54 • Mo–Fr 8.30–18 Uhr • €

Öz Bolu Yemek Kebap Salonu
▶ S. 119, D 18
Gemüse und Fleisch vom Besten • Aus Bolu kommen die besten Köche. Am Eingang wählt man, was einem gefällt. Kein Alkohol.
Sirkeci • Hoca Paşa Mah. Hoca Paşa Sk. 35 • Verkehrsknotenpunkt Sirkeci • Tel. 02 12/5 22 46 63 • tgl. außer So. 11–20 Uhr • €

TÜRKISCHE SPEZIALITÄTEN, MODERN INTERPRETIERT

Ece ▶ S. 85, b 3
Musik und Kräuter • Die Besitzerin gibt ihrem Lokal und dem Speiseangebot eine persönliche Note. Spezialität sind Gemüse- und Kräutergerichte. Blick über den Bosporus.
Kuruçeşme • Tramvay Cad. 104 • Anlegestelle Kuruçeşme • Tel. 02 12/26 59 64 00-01 • tgl. 10–2 Uhr • €€€€

Istanbul Culinary Institute
▶ S. 114, A 10
Chic und angesagt • Das Institut bildet Köche aus, experimentiert mit neuen Rezepten und gibt Kurse. Unbedingt reservieren.
Beyoğlu • Meşrutiyet Cad. 59, Tepebaşı • Tramhaltestelle Galatasaray • Tel. 02 12/2 51 25 25 • www.istanbul culinary.com • Mo–Fr 7.30–22, Sa 10–22 Uhr • €€€

CAFÉS UND KONDITOREIEN

Neben Konditoreien im europäischen Sinne, bietet Istanbul die Milchsüßspeisen anbietenden »muhallebici« und den »baklava salonu«, mit traditionellen, in Sirup getauchten Blätterteiggebäcken.

Baylan ▶ S. 114, B 10
Schokoladenträume • Das Baylan steht für europäische Konditorkunst in Istanbuler Interpretation.
– Kadıköy • Muvakkithane Cad. 19 • Verkehrsknotenpunkt Kadıköy • Tel. 02 16/3 46 63 50 ▶ S. 85, b 4

MERIAN-Tipp

KARAKÖY LOKANTASI
▶ S. 114, B 12
Luftgetrockneter Fisch? Ein Salat aus Spinatwurzeln? Gegrillter Oktopus? Höhepunkte sorgfältiger Kochkunst erfährt man gleich in der Hafengegend von Karaköy. Mittags essen hier die Angestellten von Speditionen und Zollkommissionäre, abends ist die Karaköy Lokantası Treffpunkt von Intellektuellen und Künstlern.
Karaköy • Kemankeş Cad. 35A • Verkehrsknotenpunkt Karaköy • Tel. 02 12/2 92 44 55 • www. karakoylokantasi.com • Mo–Sa 12–16 und 18–24 Uhr • €€

– Bebek • Cevdet Paşa Cad. 52–54 • Anlegestelle Bebek • Tel. 02 12/3 58 07 60 ▶ S. 85, b 3

Gezi Pastanesi ▶ S. 114, C 10
Stilvoll • Café für alle Tageszeiten. Taksim • İnönü Caddesi 5 Cat. 1 • Verkehrsknotenpunkt Taksim • Tel. 02 12/2 92 53 53

Hacı Bekir ▶ S. 114, B 10
Süße Verlockungen • Breites Angebot an türkischen Süßigkeiten. Beyoğlu • Stammhaus: İstiklâl Cad. 129 • Tramhaltestelle Galatasaray • Tel. 02 12/2 44 28 04

Meşhur Bebek Badem Ezmesi
▶ S. 85, b 3
Traditionsreich • Bebek-Fondants aus Mandeln und Pistazien. Bebek • Cevdet Paşa Cad. 238/1 • Bushaltestelle Bebek • Tel. 02 12/ 2 63 59 84

MERIAN-Tipp

CHANGA ▶ S. 114, C 10
Avantgardistische Fusionsküche der Schule Peter Gordons in ebenso cooler Atmosphäre. Das Restaurant belebt ein altes Gebäude; von allen Etagen hat man Blick auf die Küche im Erdgeschoss. Ein Schnuppermenü ist für den ersten Restaurantbesuch zu empfehlen. International hochgelobt, betreibt das Restaurant jetzt auch die Cafeteria des Sabancı-Museums (▶ MERIAN-Tipp, S. 66). Gute Weinkarte.
Taksim • Sıraselviler Cad. 47 • Verkehrsknotenpunkt Taksim-Platz • Tel. 02 12/2 51 70 64, 2 49 13 48 • Mo–Sa 6.30–2 Uhr • im August geschl. (Museumsfiliale geöffnet) • €€€€

Das Restaurant Pandeli (▶ S. 19) über dem Ägyptischen Bazar sticht besonders durch die schöne Innendekoration mit den alten farbigen Kacheln hervor.

grüner reisen

Wer zu Hause umweltbewusst lebt, möchte dies vielleicht auch im Urlaub tun. Mit unseren Empfehlungen im Kapitel grüner reisen wollen wir Ihnen helfen, Ihre »grünen« Ideale an Ihrem Urlaubsort zu verwirklichen und Menschen zu unterstützen, denen ein verantwortungsvoller Umgang mit der Natur am Herzen liegt.

Das Privileg des ökologischen Weges

Dass »ökologisch« auch »Lebensqualität« bedeutet, stimmt. In einer Stadt wie Istanbul bedeutet das, dass ökologische Angebote vor allem jenen vorbehalten sind, die es sich leisten können – so krass kann man das im Fall dieser Stadt sagen, in der die Schere zwischen Arm und Reich weit auseinandergeht. Die Metropole umweltverträglich umzubauen, ist noch nicht einmal als Vision angedacht. Für die Türkei hat Entwicklung Vorrang. In der neoliberalen Wirtschaftsordnung muss für ökologisch Sinnvolles privat gezahlt werden. Widersprüchlich bleibt dabei: »Bio« ist etwas für die, die auch dann noch Geld für gesunde Ernährung übrig haben, wenn alle anderen Ausgaben für das tägliche Leben getätigt sind. Die Recycling-Quote der Stadt allerdings ist phänomenal: dank den vielen armen Zuwanderern, die die Mülltonnen der Stadt tagtäglich nach Wiederverwertbarem durchkämmen. Andererseits ist Istanbul mediterran: das heißt, dass die Natur freundlich sein kann. Den Weg zu diesen schönen Dingen zu finden, sollen die nachfolgenden Hinweise helfen. Auch hier hat Istanbul mehr zu bieten, als man denkt!

ÜBERNACHTEN

Armada Hotel ▸ S. 119, E 20

Das Armada Hotel macht das Beste aus der Geschichte seines Grundstücks: In seiner Architektur erinnert es einen an alten Palast und an Marinekasernen des 16. Jh., die hier einst standen und deren Grundmauern heute zum Teil noch zu sehen sind. Osmanisches überall, und dazu der Versuch, höchsten Komfort mit der Einfachheit natürlicher Materialien zu vereinbaren: Das reicht von Seife aus Olivenöl bis zur Verwendung reiner Baumwolle bei den Textilien im Bad. Ähnliche Sorgfalt gilt auch für Küchen in den verschiedenen Restaurants, die vorwiegend organisch angebaute Speisen anbieten; besonders das zum Hotel gehörende, aber im Nebengebäude liegende Restaurant Giritli ist auf jeden Fall einen Besuch wert.
Sultanahmet • Ahırkapı Sk. 24 • Vorortbahn Cankurtaran • Tel 02 12/ 4 55 44 55 • www.armadahotel.com.tr • 110 Zimmer • ♿ • €€€

ESSEN UND TRINKEN

Çiya ▸ Klappe hinten, d 3

Eine Erfolgsstory: Der im mesopotamischen Nizip geborene Musa Dağdeviren eröffnete nach einer Karriere als Koch 1987 in Kadıköy eine erste Gaststätte, die Kebap servierte. »Kebap salonus« sind oft Gaststätten, in denen ohne besondere Eleganz oder Sorgfalt Fleischspeisen zubereitet werden. Hier aber lief es anders: Der auch küchenhistorisch interessierte Besitzer kochte und briet zu dem Standardangebot Gerichte nach, die es nur noch in alten Rezeptbüchern und auf dem Herd von Familien in der tiefsten Provinz gab. Der Erfolg gab ihm recht: Heute gibt es drei Restaurants nebeneinander, die alle Çiya heißen und anatolische Küche vom Feinsten bieten. Wichtig dabei: Die Sorgfalt auch bei der Auswahl der Materialien, die oft aus traditionellem oder ökologischem Anbau stammen. Eine besondere Attraktion sind die »şerbet« genannten Frucht- und Gewürzgetränke: von Obstsäften und Cola-Getränken sonst völlig verdrängte Genüsse der osmanischen Küche, die unbedingt probierenswert sind.
www.ciya.com.tr • Tramhaltestelle Bahariye • €€
– Çiya Kebap:
Kadıköy • Caferaga Mah. Güneslibahce Sk. 48/B • Tel. 02 16/3 36 30 13
– Çiya Kebap 2:
Kadıköy • Caferaga Mah. Güneslibahce Sk. 44 • Tel. 02 16/ 4 18 51 15
– Çiya Sofrası:
Kadıköy • Caferaga Mah. Güneslibahce Sk. 43 • Tel. 02 16/3 30 31 90

Cuppa ▸ S. 114, C 11

Cuppa ist eine Saftbar in Cihangir, dem In-Viertel in der Nähe des Taksim-Platzes (eine Filiale hat im Einkaufszentrum Kanyon in Levent eröffnet). Es serviert frische Säfte und gesundes Essen, außerdem vieles, was mit Weizen zubereitet wird (aber kein Alkohol). Dieses Establishment ist das Richtige, um in entspannter Atmosphäre aufzutanken nach einem anstrengenden Gang durch die Stadt! Eine Vielzahl von Cocktails geht auf jede Stimmung und körperlichen Bedarf ein; der Körper regeneriert sich bei einem »Mr Spock« tatsächlich ganz anders als bei einem »Istanbul Green«! Nicht alle Zutaten sind aus biologischem Anbau, aber auf Frische und Qualität wird höchster Wert gelegt.
Cihangir • Yeni Yuva Sk. 26/5 • Verkehrsknotenpunkt Taksim • Tel. 02 12/ 2 49 57 23 • www.cuppajuice.com • €€

Zencefil
▶ S. 114, C 10

»Zencefil« heißt »Ingwer«, und tatsächlich handelt es sich hier um ein Restaurant, das vegetarische Variationen auf die türkische Küche versucht, originell und mit Mut zu überraschend gelungenen Würzkombinationen: Mit der Rechnung kommen zuckerüberzogene Koriandersamen. Dazu gibt es für den, der will, Wein aus der Winzerei Melen, die in Thrakien besonders sorgfältige Vinokultur betreibt. Die meisten Produkte, die verwendet werden, stammen aus ökologischem Anbau. Das Zencefil liegt in einer Nebenstraße parallel zur İstiklâl Caddesi, in einem alten Gewölbe; im Sommer hat auch ein winziger Garten geöffnet. Einziger Nachteil: Das Restaurant schließt leider schon recht früh, um 22 Uhr 30; und sonntags ist es ganz zu.
Beyoğlu • Kurabiye Sk. 3 • Verkehrsknotenpunkt Taksim • Tel. 02 12/2 44 40 82 • €€

EINKAUFEN
Baharat – Gewürzhändler

Orientalische Küche wird ja gerne mit der ausführlichen Verwendung von Gewürzen assoziiert, oft mehr, als die türkische Küche einlöst. Trotzdem gibt es eine reiche Kultur der Spezereien, die immer noch in eigenen Läden verkauft werden. Diese bieten nicht nur verschiedene Sorten schwarzen und roten Pfeffers, Kreuzkümmel und Thymian an, sondern auch eine Menge anderer Dinge, die Gesundheit und Schönheit fördern: Naturkosmetik etwa, zu der auch Henna gehört, oder Stärkungspasten wie das berühmte »mesir macunu« – allerdings nicht nach dem Originalrezept des 16. Jh., in dem Opium dominierte. Dazu kommen Trockenfrüchte (auch ungeschwefelt), Trockengemüse (z. B. Tomaten), natürliche Ölseifen (Olive und Lorbeer etwa) und Dinge wie Granatapfelsirup. Die Händler sind oft richtiggehend Volksmediziner, die wissen, welcher Tee oder Sud wogegen hilft. Im Ägyptischen Basar ist oft nicht genug Zeit, mit so einem »aktar« zu reden; an anderen Plätzen schon. Hier seien zwei genannt, die besonders gut sind:

Çengelköyü Baharatçısı
▶ Klappe hinten, c 3

Çengelköy • Kalantor Sk. 13 • Dampferanlegestelle Çengelköyü • Tel. 02 16/5 57 76 48

Şifa Baharatçısı Celalettin Sancar
▶ S. 117, E 13

Fatih • Baş İmam Sk. 15 Malta Çarşısı • Busstation Fatih • Tel. 02 12/5 21 63 35

Beşiktaş Ekolojik Kırk Ambar
▶ S. 115, nordöstl. F 9

Der Basar von Beşiktaş mit seinem futuristischen Fischmarkt und der Adlerstatue mittendrin lohnt einen Besuch. Hier findet sich auch das wohlsortierte Geschäft, dessen Name auf märchenhafte Vorratslager verweist und in dem man neben Lebensmitteln ökologische Kosmetika und Rat findet. Besonders zu empfehlen sind Marmeladen und Sirup aus organisch angebauten Früchten wie etwa Johannesbrotsirup.
Beşiktaş • Köyiçi, Kazan Sok Gürün Pasajı 9 • Tel. 02 12/2 58 65 48 • www.besiktaskirkambar.com

Şişli % 100 Ekolojik Halk Pazarı 🌿
▶ Klappe hinten, c 3

Istanbuls wichtigster ökologischer Wochenmarkt wird jeden Samstag ab 10 Uhr vormittags abgehalten: mit Aktivitäten am Rande wie Bastelkursen

Im Cuppa (▶ S. 23) kann man sich in einer entspannten Atmosphäre aus dem breiten Angebot an gesunden Gerichten und Getränken stärken.

für Kinder und vielem mehr. Das Ganze ausgerechnet im dicht besiedelten Şişli im Erdgeschoss eines Parkhauses, das aber im Sommer Schatten, im Winter Schutz vor Regen bietet. Hier gibt es nicht nur Obst und Gemüse, sondern natürlich auch Brot vom Bauern, Oliven und Marmeladen. Die besten Produkte anatolischer Erde – auch als Mitbringsel geeignet.
Şişli • Lala Şahin Sk. • Metrostation Şişli-Mecidiyeköy, Ausgang Şişli, rechts in die Silahşör Cad., 3. Querstraße links • www.bugday.org/epazaryeri/harita.html

AKTIVITÄTEN
Atatürk Arboretum
▶ Klappe hinten, c 2

Das »Baummuseum« Istanbuls in der Nähe der von den Osmanen im Belgrader Wald errichteten Aquädukte – eine Wanderung zu diesen ergänzt übrigens den Besuch des Arboretums ganz vorzüglich. Hier wird auf fast 300 Hektar der biologische Waldbestand Istanbuls gezeigt und bewahrt, aber auch Baumarten, die in der Türkei in den letzten Jahrzehnten heimisch geworden sind: ein Forschungs- und Besucherpark der Fakultät für Forstwissenschaft der Universität Istanbul. Während man zur Abwechslung gesunde Waldluft atmet, kann man nachvollziehen, welchen Reichtum an Wäldern es in dieser vom Klima so verwöhnten Gegend geben könnte. An Feiertagen und Wochenenden ist das Gelände nur mit Jahreskarte zugänglich.
Bahçeköy • Orman İçi Bahçeköy Kilyos Yolu • Busse 42 T, 42, 42 M und 135 vom Taksim-Platz, der Metrostation 4. Levent und Sarıyer •
Tel. 02 12/2 26 19 29

Einkaufen
Orientalische Teppiche gibt es im Großen Basar, günstige Küchengeräte bei Straßenhändlern und Designermode in Shoppingmalls: Istanbul hat für jeden Gast das Passende in passender Atmosphäre!

◄ Die Geschäfte sind auch im Gedeckten Basar (► S. 28) nach Branchen sortiert.

Das alte Einkaufszentrum der Stadt, die **İstiklâl Caddesi** (ehemals Grand rue de Péra), erlebt wieder goldene Zeiten, seit sie für den Durchgangsverkehr gesperrt wurde. Hier gibt es neben den einheimischen und internationalen Markenläden Textilien jeder Preisklasse, aber auch Spezialgeschäfte, und da die Straße viel lebendiger und unterhaltsamer ist, als eine deutsche Fußgängerzone je sein wird, gehört ein Einkaufsbummel hier eigentlich zu jedem Istanbul-Besuch.

Glitzernde Konsumtempel

Chic einkaufen kann man nach wie vor nördlich des Taksim-Platzes in **Nişantaşı** und **Osmanbey** sowie auf der asiatischen Seite der Stadt an der **Bağdat Caddesi**. Nişantaşı und Osmanbey erreicht man mit jedem der Busse, die vom Taksim-Platz nach Norden abfahren; die Bağdat Caddesi mit dem Bus Nr. 200.

In den letzten Jahren sind am Stadtrand glitzernde, voll klimatisierte und bis spät in den Abend geöffnete Konsumtempel hinzugekommen. In den Shoppingmalls fühlt man sich wie in einem anderen Land: Meist junge, in sportliche Markenkleidung gehüllte und offensichtlich materieller Sorgen freie Kundschaft bummelt müßig durch die Läden mit internationaler Markenmode und konsumiert Fast Food à l'américaine.

Basare und Wochenmärkte

Kontrastprogramm: Das nach wie vor großartigste Einkaufserlebnis bieten die alten Basare, allen voran natürlich der **Große** oder **Gedeckte Basar (Kapalı Çarşı)**. Man unterscheidet zwischen Wochenmärkten (»pazar«) und festen Einkaufsvierteln (»çarşı«), in denen sich die Geschäfte nach wie vor branchenweise in Gassen gruppieren. Die ältesten dieser »çarşı« haben sich um ein festes, verschließbares Gebäude herum gebildet, den »bedesten«, der mit seinen Läden im Grunde ein Vorläufer der Shoppingmall war.

Beim Kauf teurer Gegenstände wie Teppiche oder Schmuck sollte man eine Quittung verlangen, denn diese kann beim Zoll vonnöten sein. Handelt es sich um eine Antiquität, wird es noch komplizierter, da für jeden Gegenstand, der älter als 100 Jahre ist, eine Ausfuhrgenehmigung der Museumsverwaltung der Provinz nötig wird, und die nicht so leicht zu erhalten ist.

Normale Geschäfte öffnen üblicherweise um 9 bzw. 10 Uhr und sind dann ohne Pause bis um 19 Uhr geöffnet. Viele Teppich- oder Antiquitätenläden öffnen später, haben dafür aber länger auf, besonders am Freitag und Samstag. Sonntags sind die meisten Geschäfte geschlossen. Die Shoppingmalls öffnen täglich von 10–22 Uhr, wobei in Gastronomie und Unterhaltungsbetrieben bis mindestens Mitternacht weitergearbeitet wird.

ANTIQUITÄTEN

Çukurcuma ► S. 114, B 11

Das ist kein Laden, sondern eine Gegend, in der sich auf engem Raum in dem Tal zwischen İstiklâl Caddesi und Sıraseviler Caddesi zahlreiche Antiquitätenläden angesiedelt haben: ideal zum Bummeln.

Galatasaray • Çukurcuma Cad., Altıpatlar Sk., Ağahamamı Sk. • Tram- und Bushaltestelle Tophane

Horhor Bit Pazarı ▶ S. 112, A 7
Der »Flohmarkt« von Horhor ist in Wirklichkeit ein fünfstöckiges Gebäude mit insgesamt über 100 Geschäften, die alte und meisterlich nachgebaute Möbel, aber auch Lampen und Sammlerobjekte anbieten.
Aksaray • Kırık Tulumba Sk. 13 • Verkehrsknotenpunkt Saraçhane

BASARE
Kapalı Çarşı (Gedeckter Basar)
▶ S. 118, C 18/19
Der Gedeckte Basar, auch Großer Basar genannt, bleibt das beeindruckendste Einkaufserlebnis der Stadt, so wie er es in den letzten gut 500 Jahren immer war. Am Anfang stand hier ein abschließbares Marktgebäude, der Eski Bedesten (Alter Basar), heute auch Cevahir Bedesteni (Schmuckbasar), den Mehmed der Eroberer 1455 erbaute. Um diesen abschließbaren ersten Bau und den bald darauf errichteten Sandal Bedesteni herum entstanden Gassen mit Werkstätten der Handwerker, nach Zünften geordnet, und große Karawansereien für Fernhändler (»han«). Mit der Zeit wuchsen die Gebäude zusammen, die Straßen wurden überdacht, der ganze Komplex von Mauern umgeben.

Heute betritt man das Gelände mit seinen gut 3000 Läden, 18 Karawansereien, Kaffeehäusern, Moscheen, Brunnen und Banken durch eines der 18 Tore. Den Besucher empfängt ein nicht recht durchschaubares Gewirr von Gassen und oft ein Gewimmel von Menschen, Waren und Sprachen. Die Basarhändler beschäftigen Ausrufer und versuchen auch selbst, Kunden zum Besuch des Ladens zu bewegen, jedenfalls in den Teilen des Basars, die auf Touristen ausgerichtet sind. Mehr und mehr verdrängen Juweliere, Lederwaren- und Souvenirhändler die alten traditionellen Branchen, aber noch werden im Großen Basar auch Möbel hergestellt, Hemden genäht und Schuhe geflickt.

Fast ganz verschwunden sind viele Handwerker, deren Produkte von industrieller Massenware erst zu Luxusgütern gemacht und dann verdrängt wurden: Stickereien, Marmorpapier oder Einlegearbeiten sind hier kaum noch zu haben. Dafür haben die Juweliere noch echte wirtschaftliche Bedeutung: Der Goldhandel im Basar ist immer noch ein bedeutender Faktor für den Goldpreis in der Türkei.

Wenn man eine Weile durch die Gassen gebummelt ist, sich an das gedämpftere Licht und die Geräuschkulisse gewöhnt hat, beginnt

---

MERIAN-Tipp 6

MISIR ÇARŞISI (ÄGYPTISCHER BASAR) ▶ S. 118, C 17
Im Ägyptischen Basar werden wie eh und je Gewürze, getrocknete Früchte, Rinderschinken, Lokum (»Turkish delight«) und Käse verkauft, im Vogel- und Blumenmarkt davor gibt es neben deutschem auch türkisches Saatgut – und wer für jemand Besonderen etwas Teures sucht, findet hier den einzigen offiziellen Importeur kaspischen Kaviars der Türkei. Danach sollte mit Blick auf die Neue Moschee noch eine Erfrischung im Teegarten und ein Bummel in die nahe historische Post anschließen – ein perfektes Erlebnis.
Verkehrsknotenpunkt Eminönü • tgl. 9–18 Uhr

Robinson Crusoe (▶ S. 29) gilt als Istanbuls beste Buchhandlung. Das Sortiment umfasst neben türkischer auch fremdsprachige Literatur.

man sich zurechtzufinden: »Diese Ecke kenne ich doch, gleich da rechts gab es doch diesen netten Laden mit ...« Und dann ist es schon geschehen, man ist in ein Verkaufsgespräch verwickelt, bekommt einen Tee und beginnt zu handeln. Seien Sie sicher, es wird Ihnen nicht gelingen, den Händler übers Ohr zu hauen; aber Sie werden dennoch ganz bestimmt zufrieden sein, wenn Sie sich vorher überlegt haben, welcher Gegenstand Ihnen gefällt und was er Ihnen letztlich persönlich wert ist.
Beyazıt • Tramhaltestelle Beyazıt • Mo–Sa 9–18 Uhr

BÜCHER
Alman Kitabevi (Deutscher Buchladen) ▶ S. 114, A 11
Literatur und gutes Türkei-Sortiment.
Beyoğlu • İstiklâl Cad. 481 • Tramhaltestelle Tünel

Robinson Crusoe ▶ S. 114, A 11
In diesem Fachgeschäft finden Sie edle Bildbände und schöne Literatur. Daneben gibt es viele englische, aber auch deutsche Publikationen im Angebot.
Tünel • İstiklâl Cad. 389 • Tram- und Tünelstation Tünel

GESCHENKE
Atlas Pasajı ▶ S. 114, B 10
Die Kinopassage an der İstiklâl Cad. beherbergt zahlreiche kleine Geschäfte mit Kuriositäten.
Beyoğlu • İstiklâl Cad. 209 • Tramhaltestelle Galatasaray

İstanbul Sanatları Çarşısı
▶ S. 119, E 19
In der Kabasakal Medresesi, einer theologischen Hochschule des 17. Jh. untergebrachter Markt von Kunsthandwerkern, die mehr oder weniger traditionelle Gewerbe (Lackar-

Beim Kauf eines Teppichs (▶ S. 31) sollte man sich Zeit für fachkundige Beratung nehmen, sonst sitzt man allzu leicht Fälschern auf.

beiten, Meerschaumschnitzerei, Kalligrafie) ausüben. Nichts im eigentlichen Sinn Antikes, aber meist hohe Qualität und ebensolche Preise.
Sultanahmet Meydanı • Yeşil Ev Yanı • Tramhaltestelle Sultanahmet

KAUFHÄUSER

Akmerkez 👶👶 ▶ S. 85, b 3

Gigantisches Einkaufszentrum mit 250 Läden, Restaurants und Kinos, sehr luxuriös.
Etiler • Nispetiye Cad. • Bushaltestelle Akmerkez

Kanyon ▶ S. 85, b 3

Das 2009 eröffnete Kanyon kombiniert exklusives Wohnen, Einkaufen und Vergnügen. Hinter ökologisch angehauchter Architektur findet man Restaurants mit der Küche aller Länder, Cafés, Pubs, teure Marken in 160 Läden, ein Kino mit neun Leinwänden und Fitnessclubs.
Levent • Büyükdere Cad. 185 • Metrostation Levent • tgl. 10–22 Uhr, Restaurants länger

MODE

Beymen Mega Store ▶ S. 85, b 3

Damen- und Herrenkleidung, Schuhe und Accessoires gehobener Qualität und eher klassischer Eleganz.
6 Filialen, eine davon in Akmerkez, Etiler • Nispetiye Cad. • Bushaltestelle Akmerkez

İpekyol ▶ S. 114, nördl. C 9

»İpekyol« (Seidenstraße) weckt Gedanken an edle Stoffe und exotische Eleganz. Dabei ist die hier erhältliche Mode definitiv auch tragbar.
Osmanbey • Rumeli Cad. 24 • Metrostation Osmanbey

Mavi Jeans ▶ S. 114, B 10

»Mavi« bedeutet »blau«; und diese globale Jeansmarke ist tatsächlich

original türkischen Ursprungs. Mehrere Filialen, darunter:
Beyoğlu • İstiklâl Cad. 117 • Verkehrsknotenpunkt Taksim

Boyner ▶ S. 85, b 2
Kaufhaus mit internationalen und türkischen Marken: Kleidung, Accessoires, Schuhe und Kosmetik.
Levent • Büyükdere Cad. 171 • Metrostation 1. Levent

Mudo ▶ S. 114, B 10
Freizeitkleidung, daneben auch Haushaltswaren und Möbel in Mudo City im Akmerkez. Für Kleidung: Mudo Nişantaşı.
– Mudo City im Akmerkez (▶ S. 30): Etiler • Nispetiye Cad. • Bushaltestelle Akmerkez ▶ S. 85, b 3
– Mudo Nişantaşı: Nişantaşı • Teşvikiye Cad. 149 • Metrostation Osmanbey ▶ S. 114, nördl. C 9

Zeki Triko ▶ S. 114, nördl. C 9
Top-Qualität rund ums Wasser: Bademode und Sportkleidung für Damen.
Nişantaşı • Akkavak Sok. Tunaman Çarşısı 47 • Metrostation Osmanbey

MUSIK
Lale Plak, Kaset, CD ▶ S. 114, A 11
In diesem Geschäft findet man alle Arten von Musik mit einer großen Auswahl an sehr preiswerten türkischen Aufnahmen und Importen aus dem Ausland.
Tünel • Galip Dede Cad. 1 • Tramhaltestelle Tünel

PORZELLAN, KERAMIK UND GLAS
İznik Classics ▶ S. 119, E 19
Keramik und Fliesen aus İznik.
Sultanahmet • Utangaç Sok. 13–17 • Tramhaltestelle Sultanahmet

Paşabahçe ▶ S. 114, B 11
Sie suchen ein typisch türkisches Mitbringsel? Warum dann nicht ein Produkt der Glasmacher von Paşabahçe, die ein gutes Preis-Leistungs-Verhältnis bieten? Es gibt mehrere Geschäfte, etwa:
Tünel • İstiklâl Cad. 314 • Tramhaltestelle Galatasaray

TEPPICHE
Es muss nicht unbedingt ein Teppich sein – aber er bleibt das bedeutendste traditionelle Souvenir. Der Preis berechnet sich nach dem Alter des Objekts und der Dichte der Knoten (bei einem »hali« – Knüpfteppich) bzw. des Gewebes (bei einem »kilim« – Webteppich) sowie nach dem Material: Beimischungen von Baumwolle oder Synthetik machen den Teppich preisgünstig, Naturfarben erhöhen seinen Wert. Ein »hali« hat pro Quadratzentimeter zwischen 500 und 10 000 Knoten, gute Handelsware über 1000. Das Gespräch mit einem guten Händler hinterlässt den Kunden immer klüger, weil er reichlich über die Ware erfährt, die er erwirbt. Wer sich hingegen von einem Reiseleiter in ein Teppichgeschäft bringen lässt, muss damit rechnen, dass stillschweigend auf den Preis eine Kommission aufgeschlagen wird.

Die kleineren Teppichgeschäfte haben oft sehr viel mehr Charme als die glänzenden, mehrstöckigen Spezialkaufhäuser wie z. B. Bazaar 54 (▶ S. 119, D 19) in der Nuruosmaniye Cad. 54, Cağaloğlu, und seine Nachahmer in der unmittelbaren Nachbarschaft. Schöne Teppiche findet man auch im Großen Basar und im Arasta Çarşısı hinter der Sultan-Ahmed-Moschee.

Am Abend
Istanbul schläft nie: Wer die Musik liebt, ob türkisch oder international, ob klassisch oder modern, wird kaum zur Ruhe kommen und in das Pulsieren der lebendigen Metropole eintauchen.

◄ Für Jazzbegeisterte ein Muss: das Babylon (► MERIAN-Tipp, S. 33).

Istanbuls Nachtleben ist so, wie es sich für eine Weltstadt gehört: bunt und unübersichtlich. Und, ganz überwiegend, überraschend ungefährlich sowie verhältnismäßig erschwinglich. Dabei spielt der Bauchtanz, den viele mit der Türkei verbinden, kaum eine Rolle. Gezeigt wird er vor allem Touristen und in den Musiklokalen, die man »gazino« nennt – manchmal rechte Provinzlerfallen mit Animierdamen und garantierter Abzocke.

Oper und Konzerte

Theater dürften aus sprachlichen Gründen für die meisten Touristen ausfallen, aber Opern und Konzerte, zu denen im Sommer noch Freiluftveranstaltungen kommen, machen dieses Manko wett.
Die besten Veranstaltungsinformationen enthält das monatlich auf Englisch erscheinende »The Guide İstanbul« und »Time Out İstanbul«, die bei gut sortierten Zeitschriftenhändlern zu haben sind.

Bars und mehr

Nach dem Konzert oder Abendessen bietet Istanbul viele Bars, Diskotheken und Nachtclubs sowie bis lange nach Mitternacht die Flaniermeile İstiklâl Caddesi. Natürlich hat jedes Hotel seine Bar; tatsächlich finden sich einige der schönsten Bars der Stadt in großen Hotels, oft mit wunderbarem Panoramablick. Livemusik und ein meist niedrigeres Preisniveau zeichnen dagegen die kleineren Bars und Kneipen in der Nähe der İstiklâl Caddesi und am Bosporus aus.
An der Rezeption und in der Tagespresse erhält man Auskunft über eine besondere Attraktion: die großen Freiluftkonzerte. Den Sommer über finden sie in der Kuruçeşme Arena, in der Burg Rumeli Hisarı und im Freilufttheater (Açık Hava Tiyatrosu) in Maçka unterhalb des Sheraton-Hotels statt. Die Kuruçeşme Arena ist eine Konzertbühne am Bosporus, deren Programm die volle Spannweite von Pop bis Electro umfasst – auch mit internationalen Stars von Ozzy Osborne bis Eros Ramazotti.
Die Stars der türkischen U-, aber auch der E-Musik bevorzugen für ihre großen Konzerte eher die Bühne von Rumeli Hisarı. Am seriösesten ist das Açık Hava Tiyatrosu, in dem viele Gastspiele und Kulturfestivals stattfinden. Einen Überblick über die wichtigsten Veranstaltungen bietet der Kartenhändler Biletix, über dessen Website (www.biletix.com) man auch reservieren kann.

> **MERIAN-Tipp**
>
> **BABYLON** ► S. 114, A 11
> Das 1999 gegründete Babylon wurde schon unter die 100 besten Jazzbühnen gewählt, und seine Karriere geht weiter: Auch Tanz, Avantgardemusik, Performances werden hier aufgeführt. Bis zu 500 Zuschauer und Zuhörer passen in das Babylon und erleben Istanbul als Weltstadt und Treffpunkt großartiger Musiker: John Lurie stand hier schon auf der Bühne, ebenso Mercan Dede und Wax Poetic, Patricia Barber oder Stereolab. Asmalımescit • Şehbender Sk. 3 • Tramhaltestelle Tünel • Tel. 02 12/2 92 73 68 • www.babylon.com.tr • tgl. 21–2 Uhr

> **MERIAN-Tipp**
>
> **ROXY** ▶ S. 114, C 10
> Im Roxy spielt jeden Tag eine andere Musik auf; das Spektrum reicht von Soft Rock über Funk und House zu Industrial Sound. Wer als DJ einen Namen in der Türkei hat, hat hier fast sicher einmal Platten aufgelegt. Livekonzerte bringen Musiker aus der Türkei und dem Ausland auf die Bühne. 750 Leute haben Platz, und die Nacht ist lang!
> Taksim • Aslanyatağı Sk. 3–4 • Verkehrsknotenpunkt Taksim • www.roxy.com.tr • Mi–So 20–4 Uhr • Eintritt 5,50 € bzw. 8 € (Wochenende)

BARS UND KNEIPEN

360 Istanbul ▶ S. 114, B 10
Der Club ist zugleich Restaurant, und Treffpunkt der schicken Nachtschwärmer. Er bietet zudem einen fantastischen Rundumblick.
Beyoğlu • Istıklâl Cad. Misir Apt. K 8 311 • Verkehrsknotenpunkt Taksim

Cambaz ▶ S. 114, C 10
Verschieden gestaltete Stockwerke im Altbau – Räume, die Platz für urbane Begegnungen bieten.
Beyoğlu • İmam Adnan Sk. 25 • Verkehrsknotenpunkt Taksim • tgl. 9.30–5.30 Uhr

Jolly Joker Balans ▶ S. 114, B 10
Veranstaltungszentrum für 800 Personen auf 1000 qm. Pop, Rock, Hip-Hop und mehr. Öffnungszeiten und Eintrittspreis variieren stark.
Beyoğlu • Balo Sok. 22 • Verkehrsknotenpunkt Taksim • www.jjistanbul.com

Kaktüs ▶ S. 114, C 10
Zwischen Café und Bar. Keine Livemusik, aber köstliche leichte Mahlzeiten der europäischen Küche und gute Kuchen. Im Sommer gibt es einige Tische im Freien.
Beyoğlu • İmam Adnan Sk. 4 • Verkehrsknotenpunkt Taksim • tgl. 10–2 Uhr

Nardis Jazz Club ▶ S. 113, E 8
Kleiner Club im Viertel um den Galataturm, Musiker aus der Türkei und dem Ausland.
Galata • Kuledibi Sk. 14 • oberer Ausgang des Tünels • www.nardisjazz.com • tgl. außer So

Peyote ▶ S. 114, B 10
Rockbar gleich am Fischmarkt von Beyoğlu mit Livemusik und DJ-Performances.
Beyoğlu • Kameriye Sk. 4 • Verkehrsknotenpunkt Taksim • Mi–So 18–4 Uhr, Musik ab 22 Uhr • Eintritt 10–20 €

DISKOTHEKEN

Andon Pera ▶ S. 114, C 10
Im »Anton« gleich beim Taksim-Platz kann man einen Kneipenbummel machen, ohne das Haus zu verlassen: Er beginnt mit der Disco im Erdgeschoss, darüber befindet sich das Weinhaus mit sephardischer oder Latino-Musik, dann folgen die Musikbar, das Restaurant mit türkischer Musik und die Dachterrasse.
Taksim • Siraselviler Cad. 89/2 • Verkehrsknotenpunkt Taksim • tgl. 10.30–23 (Café), 18–2 (Bar), 21.30–2 Uhr (Dancing)

Reina ▶ S. 85, b 3
Einer der »heißesten« Plätze der Stadt. Disco, neun Bars und Restaurants.

Ortaköy • Muallim Naci Cad. 44 • Bus- und Dampferanlegestelle Ortaköy • tgl. 17–4 Uhr

KINOS

Jede Shoppingmall Istanbuls hat ihr Multiplex-Kino, weitaus charmanter sind indes die alten Filmpaläste an der İstiklâl Caddesi (▶ S. 114, B 10). Ausländische Filme werden meistens in der Originalsprache mit Untertiteln gezeigt, und für Raucher gibt es eine Pause.

KONZERTE UND OPER

Cemal Reşit Rey Konser Salonu
▶ S. 115, nördl. D 9

Vielfältiges Gastspielprogramm.
Harbiye • Taşkışla Cad. • Bushaltestelle Harbiye • Tel. 02 12/2 31 54 97-98

Süreyya Operası ▶ S. 85, b 4

Da das eigentliche Opernhaus wegen Renovierung geschlossen ist, gibt es hier Musik in einem ehemaligen Kino (Baujahr: 1927).
Kadıköy • Bahariye Cad. 29 • Dampferanlegestelle Kadıköy • Tel. 02 16/ 3 46 15 31 • www.sureyyaoperasi.org

Yeni Melek ▶ S. 114, B 10

Konzerte, Tagungen, Filme.
Beyoğlu • Gazeteci Erol Dernek Sk. 13 • Verkehrsknotenpunkt Taksim • Tel. 02 12/2 44 97 00

KULTURZENTREN

Goethe-Institut Istanbul
▶ S. 114, B 10

Galatasaray • Yeniçarşi Cad. 52 • Tramhaltestelle Galatasaray

Österreichisches Kulturforum Istanbul ▶ S. 115, nordöstl. F 9

Ausstellungen und Konzerte.
Yenikoy • Palais Yenikoy, Köybaşı Cad. 44 • Bus- und Dampferanlegestelle Yeniköy

Vielerorts in Istanbul geht es auch unter freiem Himmel heiß her, wie hier in der beliebten und stets gut besuchten Diskothek Reina (▶ S. 34).

Feste und Events
Istanbul ist eine kulturelle Metropole: Künstler aus aller Welt treffen hier im Rahmen renommierter und innovativer Events und Festivals aufeinander.

◀ Die Kulissen des Internationalen Musikfestivals (▶ S. 37) sind außergewöhnlich.

FEBRUAR
!f Istanbul

Festival unabhängiger Filme, mit Kurzfilmwettbewerb. Zahlreiche internationale Beiträge.
Beyoğlu • AFM Sinemalari, İstikâl Cad. 24–26 • Tel. 02 12/2 92 11 11 • www.ifistanbul.com

APRIL
Uluslararasi Istanbul Sinema Festivali (Filmfestival)

Das Filmfestival lockt mit seiner »Goldenen Tulpe« zwar meist keine wichtigen Wettbewerbsfilme an, aber das Rahmenprogramm ist großartig.
Vorverkauf: Atatürk Kültür Merkezi am Taksim • Tel. 02 12/2 51 56 00 • www.iksv.org/film

MAI
Uluslararasi Istanbul Tiyatro Festivali (Internationales Theaterfestival)

Ein Theatertreffen türkischer und internationaler Theater. Auch Theaterfreunde, die kein Türkisch können, kommen hier auf ihre Kosten. Verschiedene Bühnen in der ganzen Stadt werden bespielt.
Karten und Programm bei İstanbul Devlet Tiyatrosu Taksim Sahnesi am Taksim • Tel. 02 12/2 49 69 44 • www.iksv.org/tiyatro

JUNI/JULI
Uluslararası İstanbul Müzik Festivalı (Internationales Musikfestival)

Das Internationale Musikfestival Istanbuls bestimmt vier Sommerwochen lang die kulturelle Agenda der Stadt. Klassische und avantgardistische Musik sowie Musiktheater stehen auf dem Programm, Weltstars kommen, und die besten türkischen Musiker nehmen teil. Besonders schön: Die Aufführungen finden zum Teil in historischen Gebäuden wie der Irenenkirche statt.
Vorverkauf: Atatürk Kültür Merkezi am Taksim • Tel. 02 12/2 51 56 00 • www.iksv.org/muzik

JULI
Uluslararasi Istanbul Caz Festivali (Internationales Jazzfestival)

1994 löste sich das Jazzfestival zum ersten Mal aus dem Rahmen des Musikfestivals und bot Freiluftkonzerte mit Weltstars und Künstlern, die es wohl bald sein werden. Die Karten sind nicht billig, aber erschwinglich.
Vorverkauf: Atatürk Kültür Merkezi am Taksim • Tel. 02 12/2 51 56 00 • www.iksv.org/caz

SEPTEMBER
Biennale Istanbul

Die Biennale in Istanbul ist international etabliert. Sie hat den Ruf, avantgardistische politische Kunst zu zeigen, und der jeweilige Kurator muss gegen die Widerstände all derer, denen diese zu weit geht, wieder neue Ausstellungsräume auftun. So wandert die Ausstellung durch die Stadt.
İstanbul Kültür ve Sanat Vakfı • Tel. 02 12/3 34 07 00 • www.iksv.org/bienal

OKTOBER
Akbank Caz Festivalı

Festival mit Konzerten erstrangiger Musiker wie Carla Bley und Stephen Micus an verschiedenen Stellen der Stadt, auch in historischen Gebäuden.
www.akbanksanat.com

Familientipps
Mit Dampferfahrten, Miniaturmoscheen und Parkanlagen ist für Kinderspaß bestens gesorgt. Wie die ganze Türkei gilt auch Istanbul als besonders kinderfreundlich.

Familientipps

◄ Auch den jungen Gästen bietet Istanbul ein spannendes Programm.

FREIZEITPARKS
Gülhane Parkı ► S. 119, E 18
Bis Anfang des 20. Jh. ein Palastgarten, jetzt Ausflugsziel Nr. 1. Gut erreichbar vom Archäologischen Museum: der kleinen Straße folgen (durch das bunte Tor von Alemdar Caddesi).
Tramhaltestelle Gülhane • Eintritt frei

MUSEEN
Deniz Müzesi (Marinemusem) ► S. 115, östl. F 9
Für Kinder sind die alten Originalboote im Marinemuseum attraktiv.
Beşiktaş • Beşiktaş, Meydanl • Verkehrsknotenpunkt Beşiktaş • Mo–Fr 9.30–12.30, 13.30–17 Uhr • Eintritt 1 €, Kinder 0,50 €

Enerji Müzesi (Energiemuseum) ► S. 111, nördl. E 1
Das alte E-Werk der Stadt: Turbinen und Steuerraum sind noch erhalten. Interaktive Animationen erklären, wie der Strom in die Dose kommt.
Sütlüce • Bushaltestelle Elektrik Fabrikası • Di–So 10–22 Uhr • Eintritt frei

Rahmi M. Koç Teknik Müzesi (Technikmuseum) ► S. 112, B 6
Echte Dampfmaschinen und eine alte Trambahn, die Kommandobrücke eines Dampfers und Autos. Das Technikmuseum ist in osmanischen Industriegebäuden untergebracht.
Sütlüce • Hasköy Cad. 27 • Bushaltestelle Tersane/Koç Müzesi • Di–So 9–17 Uhr • Eintritt 3 €, Kinder 1,20 €

Şişli Belediyesi Bilim Merkezi ► S. 114, nördl. C 9
Zentrum, in dem Kinder und Jugendliche interaktiv naturwissenschaftliche Experimente durchführen. Auch Workshops und Ausstellungen!
Fulya • Öğretmen Hakkı Yeten Cad., Polat Towers yanı • Metrostation Şişli • tgl. 10–18 Uhr • Eintritt 1,70 €

STRAND
Strandleben in der Stadt
► Klappe hinten, c 1
Man kann wieder baden in Istanbuls Meeren, und in den Strandbädern Liegen mieten. Größere Strände befinden sich in Caddebostan hinter Kadiköy und in Florya. Die größten Strände liegen aber in Kilyos am Schwarzen Meer.
Dalia Beach • Gümüsdere Kilyos • Eintritt 12 €

VERGNÜGUNGSZENTREN
Fatih Çocuk Park Ormanı
► S. 85, b 2
Nördlich des Bürohochhausviertels Maslak liegt der Belgrader Wald und in ihm der Kinderpark mit Schwimmbad, einem vielfältigen Angebot an Kursen und Spielgruppen für verschiedene Altersstufen.
Maslak • Maslak Cad. • Minibus Taksim-Sariyer • Eintritt 15 €

Miniatürk ► S. 111, nördl. E 1
Historischer Park mit gut 100 Modellen der wichtigsten Bauwerke Istanbuls, Anatoliens und des Osmanischen Reichs. So lässt sich der Artemistempel von Ephesus oder die Brücke von Mostar in Miniaturgröße bewundern.
Sütlüce • Imrahor Cad. • Bushaltestelle Miniatürk • tgl. 10–18 Uhr • Eintritt 3 €, Kinder 1 €

👫 Weitere Familientipps sind durch dieses Symbol gekennzeichnet.

Viele der architektonischen Schätze Istanbuls liegen wie hier die Hagia Sophia (▶ S. 45) am Bosporus, an der Schnittstelle Europas und Kleinasiens.

Unterwegs
in Istanbul

Istanbul war über Jahrtausende hinweg Hauptstadt mehrerer Großreiche. Auf diesem Wege ist die Stadt selbst Schatzkammer und Museum geworden.

Sehenswertes
Alles sehen können Sie ohnehin nicht: Viel zu reich ist das Erbe der Jahrhunderte. Selbst wer nur zum Shoppen und Chillen gekommen ist, wird überwältigt sein und zum Entdecker werden.

◀ Die Sultan Ahmed Camii (▶ S. 56) oder Blaue Moschee erhebt sich majestätisch über dem Marmarameer.

Wo sich politische Macht konzentriert, wird prächtig gebaut. Wenn eine Stadt mehr als 1500 Jahre Hauptstadt verschiedener Kaiserreiche war, ist es fast unmöglich, alles aus seiner Geschichte Hervorgegangene zu sehen. An dieser Stelle kann daher nur eine Auswahl der Sehenswürdigkeiten näher beschrieben werden.

Glanzlichter

Natürlich fehlen die wohl berühmtesten nicht, die **Hagia Sophia**, der **Topkapı-Palast** und die **Sultan Ahmed Camii**, die **Blaue Moschee**. Aus römischer Zeit dagegen sind nur wenige Bauten genannt, weil sie zumeist umgebaut, abgerissen oder abgebrannt und nur noch in Resten vorhanden sind. Aus byzantinischer Zeit dagegen stehen bis heute viele **Kirchen**, die zwischenzeitlich oft in Moscheen umgewandelt wurden. Im folgenden Kapitel sind vor allem **Paläste** und **Moscheen** beschrieben; Basare, Wohnbauten und Werkstätten finden Sie unter den Einkaufstipps und bei den Spaziergängen durch die Stadt.
Seit dem Ersten Weltkrieg ist (bis auf die großen Brücken) kaum ein ästhetisch befriedigendes Bauwerk gelungen, das den Besucher interessierte. Von den Hunderten neuer Moscheen kann keine neben den osmanischen bestehen, gerade weil sie so oft die Bauten des großen Architekten des 16. Jh., Sinan, zu kopieren versuchen.

Dos und Dont's

Moscheen sind frei zugänglich. Kleidung, die die Beine freilässt, ist jedoch unerwünscht; Frauen müssen außerdem Kopf und Schultern bedecken. Am Eingang mancher größeren Moscheen werden auch Tücher bereitgehalten, mit denen man sich bedecken kann (Trinkgeld). Die Schuhe werden am Eingang ausgezogen, wer barfuß in Sandalen durch Istanbul läuft, sollte sich vor dem Besuch die Füße säubern. In großen Moscheen sind Touristen während der Gebete unerwünscht, in kleineren dagegen als stille Zuhörer im Hintergrund geduldet.

Ahmed III. Çeşmesi (Brunnen Ahmeds III.) ▶ S. 119, E 19

1729 fertiggestelltes Brunnenhaus direkt vor dem Topkapı-Palast, ein reich dekoriertes Werk der lebensfreudigen und eleganten Tulpenzeit. Der Datumsvers (herrliche Kalligrafie) stammt vom Sultan selbst, der ähnliche Brunnen in Üsküdar und am Goldenen Horn erbaute.
Sultanahmet • Topkapı Sarayı Önü, Soğukçeşme Sk. • Tramhaltestelle Sultanahmet

Arap Camii (Arabermoschee) ▶ S. 113, E 8

Die ehemalige Dominikanerkirche des heiligen Paul (später wurde auch Dominikus zum Patron der Kirche) aus dem 14. Jh. ist der einzige gotische Sakralbau der Stadt. 1475 zur Moschee umgewandelt, bildete sich Ende des Jahrhunderts eine Gemeinde von muslimischen Flüchtlingen aus Spanien (deshalb der Name »Arabermoschee«). Später entstand die Legende, die Moschee ginge auf eine Stiftung der arabischen Heere zurück, die im Jahr 716/717 Konstantinopel belagerten.
Azapkapi • Perşembepazari, Galata Mahkemesi Sk. • Metrostation Karaköy

At Meydanı (Hippodrom)
▸ S. 119, D 19

Das römisch-byzantinische Hippodrom ist einer der historisch wichtigsten Straßenplätze der Stadt; Schauplatz ungezählter Festakte, Demonstrationen und Aufstände. Auch wenn die Tribünen bis auf einige Reste verschwunden sind, geben die Maße des Platzes bis heute das Oval wieder, auf dem die Wagenrennen und in osmanischer Zeit das Reiterspiel »cirit« veranstaltet wurden. Die Randbebauung (Sultan-Ahmed-Moschee, der fast italienisch wirkende Ibrahim-Paşa-Palast von 1524, die Firuz-Ağa-Moschee von 1491 und orientalisierende Bauten vom Anfang des 20. Jh.) allerdings ist osmanisch.

Ein bedeutendes Kunstwerk des Platzes, die römische Wagenquadriga, schmückt heute die Fassade des Markusdoms in Venedig. Immer noch wichtig genug ist das, was sich erhalten hat: entlang der Hauptachse des Platzes z. B. der **Gemauerte Obelisk**, im 4. Jh. errichtet und mit jetzt verlorenen Bronzeplatten verkleidet, der untere Teil der aus dem Orakel von Delphi hierher gebrachten **Schlangensäule** (einer der Köpfe ist im Archäologischen Museum) und der **Ägyptische Obelisk**, zwei Drittel eines Obelisks aus der Zeit von Pharao Thutmosis III. (16. Jh. v. Chr.), den Kaiser Theodosius (379–395) hier aufrichten ließ. Der Sockel zeigt Theodosius und sein Gefolge als Zuschauer beim Wagenrennen. Außerhalb der Achse steht der sogenannte **Deutsche Brunnen** (Alman Çeşmesi), ein Geschenk, das Wilhelm II. bei einem Staatsbesuch im Osmanischen Reich Abdülhamid II. machte.

Sultanahmet • Atmeydanı • Tramhaltestelle Sultanahmet

Atik Valide Camii (Atik-Valide-Moschee)
▸ S. 85, b 4

Die »Alte Moschee der Sultanmutter« ist eines der interessantesten Werke des Architekten Sinan. Er erstellte die Baugruppe zwischen 1570 und 1579 für Nurbanu Sultan, die Mutter Murads III. Die Anlage liegt in Üsküdar an einem Hang; Sinan nutzte die Schwierigkeit des Geländes und variierte brillant den von ihm selbst geschaffenen Kanon osmanischer Reichsarchitektur. So steht die Moschee halb auf der mitgestifteten Medrese (islamische Hochschule); und die umfänglichen Nebenbauten (heute als religiös geprägte Erziehungsanstalten genutzt und zumeist unzugänglich) spielen mit den Symmetrievorstellungen der Zeit.

Üsküdar • Abacıdere Sk., Toptaşı • Bushaltestelle Toptaşı

Aya İrini (Irenenkirche)
▸ S. 119, E 19

Auf dem ersten Hof des berühmten Topkapı-Palastes steht die zweitgrößte byzantinische Kirche der Stadt. Sie war einst dem göttlichen Frieden (Hagia eirene) geweiht. Vom ersten Bau Konstantins (324–337) ist jedoch nichts geblieben; der erhaltene geht auf Justinian (527–565) zurück. Obwohl die einstige Patriarchatskirche als Moschee infrage gekommen wäre, nutzten sie die Osmanen als Waffenarsenal und später als archäologisches Museum. Heute finden unter dem Kreuzmosaik der Ikonoklastenzeit (8. Jh.) Konzerte statt.

Sultanahmet • Topkapı Sarayı İçi • Besichtigung mit Erlaubnis der Direktion der Hagia Sophia: Tel. 02 12/5 22 09 89 • Tramhaltestelle Sultanahmet

Die Hagia Sophia (▶ S. 45) wurde im Jahr 537 durch Justinian geweiht. Sie fungierte jahrhundertelang als Krönungskirche der oströmischen Kaiser.

Ayasofya (Hagia Sophia)
▶ S. 119, E 19

Auf mittelalterlichen Stadtansichten wird Konstantinopel als ein mit sieben Türmen befestigter, weitgehend vom Meer umgebener Mauerring dargestellt, aus dem sich eine große Kuppel erhebt: Es ist die Kuppel der Hagia Sophia, des berühmtesten und symbolträchtigsten Gebäudes Istanbuls. Zahlreiche Sagen spinnen sich um das Bauwerk. So soll in der stets feuchten »schwitzenden Säule« (linkes Seitenschiff) ein Engel verborgen, und das sogenannte »kühle Fenster« (links neben der Apsis) soll von einem geheimnisvollen kalten Windzug bestrichen sein.

Schon der Gründer des neuen Roms, Konstantin, hatte an diesem Platz eine »Kirche der Heiligen Weisheit« erbauen lassen. Hier dürfte an erster Stelle die Weisheit des Kaisers gefeiert worden sein. In der Wertschätzung seiner eigenen Bedeutung stand dieser Mann nämlich noch ganz in der römischen Kaisertradition.

Der heutige Bau stammt im Wesentlichen aus der Zeit Justinians I. (527–565). Im sogenannten Nika-Aufstand von 532 war ein Nachfolgebau der ersten Kirche abgebrannt; und Justinian, der sich als Wiederbegründer römischer Macht verstand, ließ innerhalb von fünf Jahren diese Kirche errichten. Ein Mosaik über dem mittleren Zugang vom äußeren (Exonarthex) in den inneren Vorraum (Narthex) der Hagia Sophia versinnbildlicht diesen Anspruch. Kaiser Konstantin und Justinian huldigen der Jungfrau Maria mit dem Kinde; der eine bringt ihnen die Stadt Konstantinopel, der andere die Kirche dar.

Die herrliche, leicht ovale **Kuppel** mit einem Durchmesser von 31,24 x 32,81 m litt durch Brände und Erdbeben mehrmals schweren Schaden; immer wieder mussten Stützmauern angefügt werden.

Die Geschichte der Kirche ist so bewegt wie die ihrer Stadt: Während des byzantinischen Bilderstreits wurde sie 730–843 der gesamten figürlichen Innendekoration beraubt, nach der Eroberung Konstantinopels durch die Ritter des 4. Kreuzzugs war sie Sitz eines papsttreuen Patriarchen (1204–1261), schließlich wurde sie gleich nach der osmanischen Eroberung 1453 zur Hauptmoschee Istanbuls umgewandelt.

Die Osmanen fügten dem Bau vier **Minarette**, eine theologische Hochschule (Ruinen am Nordrand des Geländes), eine öffentliche Küche (Eingang gegenüber dem Topkapı-Palast, oft geschlossen), einige Sultansmausoleen (an der Südseite) und im 19. Jh. schließlich ein Muvakkithane (Orologium) hinzu.

Die Hauptsache aber ist der **Innenraum**. Unter seiner riesigen, durch 40 Rippen verstärkten Kuppel, im etwas diffusen Licht der durch die Stützmauern verstellten Fenster bietet die Haupthalle (69,5 x 73,5 m) ein unvergessliches architektonisches Erlebnis, für das man sich viel Zeit nehmen sollte. Die monolithischen Stützsäulen stammen aus antiken Tempeln, ihre Kapitelle zeigen das Monogramm Justinians. Die Dekoration präsentiert sich heute als ein Nebeneinander von byzantinischer und islamischer Kunst: Sechsflügelige Engel hängen beispielsweise direkt neben den riesigen Kalligrafietafeln mit den Namen Allahs, Muhammads, der Prophetenenkel und vier Rechtgeleiteten Kalifen.

Besondere Aufmerksamkeit verdienen vor allem folgende **Mosaiken**:

Ein prächtiges Mosaik in der Hagia Sophia (▶ S. 45) stellt Christus dar.

Muttergottes mit Kind (Halbkuppel über der Apsis, 9. Jh.), Deesis (Christus zwischen Maria und Johannes dem Täufer, Südgalerie, etwa 12. Jh.), den thronenden Christus anbetender Kaiser, vermutlich Leon VI. (über dem den Kaisern vorbehaltenen mittleren Eingang der Haupthalle, 9.–10. Jh.), Konstantin IX. Monomachos und Kaiserin Zoë vor dem thronenden Christus (11. Jh.), Johannes II. Komnenos und Kaiserin Irene vor der Muttergottes mit Kind (12. Jh., beide Ostwand der Südgalerie, Porträts mit realistischen Zügen).

Aus osmanischer Zeit stammen der Predigtstuhl (Minbar) und die Muezzinempore (neben dem Krönungsplatz der byzantinischen Kaiser) aus dem 16. Jh., sowie die Sultansloge im neobyzantinischen Stil, die der Schweizer Architekt Fossati im 19. Jh. als Teil der ersten Restaurationsarbeiten errichtete. 1935 folgte auf Wunsch Atatürks schließlich die Umwandlung des Baus in ein Museum.

Sultanahmet • Sultanahmet Meydanı • Tramhaltestelle Sultanahmet • tgl. außer Mo 9.30–16.30 Uhr • Eintritt 10 €

Ayazma Camii (Moschee der heiligen Quelle) ▶ S. 85, b 4

Diese von Mustafa III. für seine Mutter und seinen früh verstorbenen Bruder erbaute Moschee wurde nach drei Jahren Bauzeit 1761 fertiggestellt. In Üsküdar auf einem Höhenzug gelegen und selbst betont steil aufragend, beherrscht sie das Stadtbild gegenüber dem Kız Kulesi. Bemerkenswert die Ausschmückung, die europäische Motive gelungen osmanisiert, der Eingangsbereich mit Freitreppe, der große Außentrakt, durch den der Sultan seine Gebetsloge erreichte, und die steinernen Vogelhäuser an den Außenwänden.

Wegzeiten (in Minuten) zwischen wichtigen Sehenswürdigkeiten

*Taxifahrt bei normaler Verkehrslage

	Galataturm	Großer Bazar	Topkapı-Palast	Archäologische Museen	Eyüp (Moschee)	Hagia Sophia	Dolmabahçe Sarayı	Kariye Camii	Süleymaniye Camii	Rumeli Hisarı	Türk ve Islâm Eserleri Müzesi
Galataturm	–	45	60	5	25*	60	10*	20*	50	20*	60
Großer Bazar	45	–	25	25	25*	20	20*	20*	10	30*	20
Topkapı-Palast	60	25	–	5	30*	10	15*	25*	35	30*	15
Archäologische Museen	55	25	5	–	30*	10	15*	25*	30	30*	15
Eyüp (Moschee)	25*	25*	30*	30*	–	30*	30*	10*	25*	45*	30*
Hagia Sophia	60	20	10	10	30*	–	15*	25*	30	30*	5
Dolmabahçe Sarayı	10*	20*	15*	15*	30*	15*	–	30*	20*	20*	15*
Kariye Camii	20*	20*	25*	25*	10*	25*	30*	–	20*	40*	25*
Süleymaniye Camii	50	10	35	30	25*	30	20*	20*	–	35*	30
Rumeli Hisarı	20*	30*	30*	30*	45*	30*	20*	40*	35*	–	30*
Türk ve Islâm Eserleri Müzesi	60	20	15	15	30*	5	15*	25*	30	30*	–

Üsküdar • Tulumbacılar Sk., Salacak • zu erreichen am besten zu Fuß von der Bootsanlegestelle Üsküdar

Ayo Nikola (Nikolas-Kirche)
▶ S. 112, B 7

Die Kirche steht mit Grund am Goldenen Horn: der Hl. Nikolas ist Patron der Seefahrer. Einige Votivtafeln und ein Schiffsmodell erinnern an die Zeit, als in Istanbul Seefahrer meist orthodoxe Griechen waren. Der Bau von 1837 zeigt, wie westeuropäische Vorbilder auch die christliche Architektur der Stadt beeinflussten.

Cibali • Abdülezel Cad. • Klingel am Eingang • Trinkgeld

Beyazıt Camii (Moschee Bayezids II.)
▶ S. 118, B 19

Der Sohn Mehmeds des Eroberers ließ 1500–1505 diese Moschee errichten. Sie kombiniert die Kuppelordnung der Hagia Sophia mit einem Grundriss, der in den Seitenflügeln Konvente für Derwische vorsah. Dieser Herrscher verband imperialen Anspruch mit orthodoxer Volksfrömmigkeit. Im Moscheegarten befinden sich die Mausoleen Bayezids und seiner Tochter Selçuk Hatun, gleich anbei eine öffentliche Küche (seit 1880 Bibliothek), am anderen Ende des Beyazit-Platzes eine theologische Hochschule, etwas weiter westlich das verfallene Bad.

Beyazıt Meydanı • Verkehrsknotenpunkt Beyazıt

Beylerbeyi Sarayı (Beylerbeyi-Palast)
▶ S. 85, b 3

Prächtige kleine Sommerpalastanlage mit Interieur aus dem 19. Jh. und Garten direkt am Bosporus. Besonders schön sind die beiden Sommerschlösschen und die Bambuspflanzung. Cafeteria.

Beylerbeyi • Abdullahağa Cad. • Anlegestelle Beylerbeyi • Di, Mi, Fr–So 9.30–17.30 Uhr • 5 €

Bozdoğan Kemeri (Valens-Aquädukt)
▶ S. 118, A 18

Sicher ist es nicht, dass Kaiser Valens (364–378) der Bauherr war. Aber diese noch von den Osmanen benutzte Wasserleitung ist eines der eindrucksvollsten antiken Bauwerke der Stadt.

Saraçhanebaşı • Tramhaltestelle Lâleli

Büyük Postane (Hauptpostamt)
▶ S. 119, D 18

Istanbuls Hauptpost (ursprünglich das Postministerium) ist ein Beispiel für den sogenannten »Ersten Nationalen Architekturstil«. Architekten wie Vedat Tek, der diesen Bau errichtete, kombinierten moderne europäische Raumaufteilung mit historisierendem Bauschmuck. Das Ergebnis ist so orientalisch, wie es nur in der nachträglichen Erfindung möglich ist.

Sirkeci • Yeni Postane Cad. • Tramhaltestelle Sirkeci • Teile des Gebäudes sind rund um die Uhr geöffnet

Çemberlitaş (Konstantinssäule)
▶ S. 118, C 19

Die 35 m hohe Säule in der Mitte des römischen Forums wurde von Konstantin errichtet. Einst krönte sie eine Apollonfigur, die später durch eine Kugel mit Kreuz christianisiert wurde. Geblieben ist ein immer wieder repariertes, durch Eisenbänder vor den Folgen von Brandschäden geschütztes Denkmal der Antike.

Divanyolu • Tramhaltestelle Çemberlitaş

Dolmabahçe Sarayı (Dolmabahçe-Palast) ▶ S. 115, E/F 9

Der während des Krimkrieges 1855 fertiggestellte Palast am Bosporusufer ist in einem heute zu Unrecht verachteten Neo-Rokoko (Zuckerbäckerstil) erbaut, der die damals zeitgemäße Bauingenieurtechnik (das Baugelände ist künstlich aufgeschüttet; Teile der Statik sind in Metall konstruiert) mit osmanischem Zeremoniell (Abtrennung von Harem und Thronfolgersuite) und französischem Geschmack kreativ verbindet.

Baumeister war der Armenier Garabet Amira Balyan, der die Prachtfront des Gebäudes zum Uhrturm am schmalen Vorplatz und weit gestreckt zum Meer hin öffnete. Historische Bedeutung erlangte der Palast auch als Todesort des Staatsgründers und Nationalhelden Kemal Atatürk.

Beşiktaş • Verkehrsknotenpunkt Beşiktaş • Di, Mi, Fr–So 9–16 Uhr, Führung obligatorisch • Eintritt 6,50 €

Fatih Camii (Moschee des Eroberers) ▶ S. 117, F 13

Die große Moschee, die Mehmed der Eroberer errichten ließ, wurde im Erdbeben von 1766 größtenteils zerstört; der heutige Bau stammt im Wesentlichen aus dem 18. Jh. Bedeutend sind die symmetrisch angeordneten Nebengebäude, vor allem die acht theologisch-juristischen Hochschulen (Medrese), die die besten des Reichs sein sollten.

Auch wenn einige Teile des Komplexes inzwischen verschwunden sind, vermittelt die Anlage doch einen guten Eindruck von osmanischer Stadtplanung. Verstärkt wird dieser durch das Erscheinungsbild der Umgebung, die von islamistischen

Der 67 m hohe Galataturm (▶ S. 50), Istanbuls beliebter Aussichtspunkt, überragt das Häusermeer am Goldenen Horn.

Die Chora-Kirche (▶ S. 51), ursprünglich Teil eines Klosterkomplexes, ist berühmt für ihre wunderschönen und gut erhaltenen byzantinischen Mosaiken.

Gruppen in betont antiwestlicher Kleidung dominiert wird.
Fatih • İslambol Cad. • Dolmuş-Linie zwischen Vezneciler und Edirnekapı • tgl. außer Mo und Di 9.30–16.30 Uhr • Mausoleum des Eroberers im Friedhofsgelände hinter der Moschee (Spende)

Galata Kulesi (Galataturm) ▶ S. 113, F 8

Der Turm, der einst das Nordende der mittelalterlichen genuesischen Siedlung gegenüber Byzanz markierte, stammt aus der Mitte des 14. Jh. Der Teil oberhalb der fünften Etage (Spitzbogenfenster) scheint jedoch osmanischen Ursprungs zu sein. Der zwischenzeitlich als Gefängnis und Feuerturm dienende Bau ist einer der besten Aussichtsplätze der Stadt. Im Obergeschoss befinden sich heute ein Café und ein Nachtclub.
Beyoğlu • Büyük Hendek Sk. • Tramhaltestelle Tünel • Aussichtsplattform 8.30–20 Uhr • Fahrstuhl 5 €

Haydarpaşa Garı (Bahnhof Haydarpaşa) ▶ S. 85, b 4

Der Ausgangspunkt der berühmten Bagdadbahn, 1908 von den deutschen Architekten Cuno und Ritter, fertiggestellt, steht gleich am Ufer des Marmarameeres an der Bucht von Kadıköy. Der Bau sollte zum Denkmal des deutschen Imperialismus und der deutsch-osmanischen Freundschaft werden. Heute ist das Bauwerk durch ein Spekulationsprojekt bedroht, das ihn in ein Geschäftszentrum umwandeln soll.
Haydarpaşa İstasyonu Yolu • Denizyolları-Station Haydarpaşa

Hıdiv Kasrı ▶ S. 85, c 2

Diese Luxusvilla, die an der Wende zum 20. Jh. errichtet wurde, liegt inmitten eines herrlich gestalteten Parks über dem Bosporus. Als Bauherren fungierten die Nachfahren des ägyptischen Vizekönigs Muhammad Ali (1805–1848), der sich politisch von der osmanischen Kontrolle weitestgehend freigemacht hatte, nominell jedoch als Khedive (Vizekönig) Untertan des Sultans blieb. Die Nachkommen Muhammad Alis kamen nach Istanbul, als die Engländer den Khediven Abbas Hilmi im inzwischen britisch kontrollierten Ägypten nicht mehr zu dulden bereit waren.

Çubuklu • Hıdiv Kasrı Korusu • Dampferanlegestelle Çubuklu

Kariye Camii (Chora-Kirche) 5

▶ S. 111, D 3

Byzanz war nur noch ein Staat bescheidener Größe, da baute der hohe Politiker und Gelehrte Theodoros Metochites das »Christus-Kloster auf dem Lande« (Monè toù Christoù tés Chóras) aus. Die dreischiffige, überkuppelte Basilika mit Grabkapelle, die zwischen 1316 und 1321 entstand, ist mit exzellenten Stücken byzantinischer Fresko- und Mosaikkunst geschmückt. Theodoros Metochites – 1331 nach einem Thronwechsel in Ungnade gefallen – starb in dem von ihm quasi neu errichteten Kloster. In einem Mosaik über dem Eingang zum Hauptraum ließ er sich als Kirchenstifter verewigen.

In diesem Hauptraum sind vor allem wunderschöne byzantinische Marmorschnitte und nur wenige Bildnisse (Marientod, Bildnisse Mariä und Jesu) zu sehen. Die Eingangshallen der Kirche, die gleichermaßen der Verehrung Mariens wie der Jesu geweiht sind, sind über und über mit Mosaiken geschmückt; nehmen Sie sich viel Zeit für die Zyklen an den oberen Teilen der Wände und in den Kuppeln. Man betritt die Kirche zwar über den Exonarthex (äußere Vorhalle), sollte aber, um der biblischen Chronologie zu folgen, gleich zum Narthex (innere Vorhalle) weitergehen. Hier beginnt in den beiden südlichen (rechten) Jochen der Zyklus mit der Darstellung Christi als Weltenherrscher (Pantokrator) sowie seiner 39 Vorfahren seit Adam.

Die anschließenden nördlichen (linken) Joche zeigen markante Szenen des Marienlebens. Die Deckenmosaiken des Exonarthex sowie der Vorraum zur Grabkapelle sind dem Jugendleben Jesu bis zur Versuchung gewidmet. Von dieser Szene geht es auf den übrigen Wandflächen sozusagen wieder zurück mit Szenen aus dem der Verkündigung geweihten Leben Jesu. Auf diese Weise überlagern sich Marien- und Christuszyklus vielfach, ein Verhältnis, das durch die typologische Gegenüberstellung (Geburt Mariens und Jesu z. B. an entsprechenden Stellen der beiden Hallen) unterstrichen wird.

Diese Zyklen werden durch weitere Darstellungen bereichert, so z. B. neben der erwähnten Stifterdarstellung die betende Maria mit Engeln im Bogenfeld (über dem Eingang), Christus mit zwei früheren Klosterstiftern (rechts im Narthex) und Heiligendarstellungen (v. a. in den Gurtbogen).

Die Fresken des Hauptraums beziehen sich einerseits direkt auf das Thema von Tod und Erlösung, andererseits versinnbildlichen sie in einer spezifisch orthodoxen Theologie die Vermittlerrolle Mariens als eine Brücke zwischen Himmel und Erde.

Im Nebenschiff der Kirche, dem sogenannten Parekklesion, das ur-

sprünglich als Grabkapelle diente, ist vor allem das Apsisfresko sehenswert. Es stellt die Anastasis, die Höllenfahrt Christi, dar. Von den osmanischen Anbauten ist bis auf das Minarett und ein bescheidenes Mausoleum nichts erhalten. Die Fassaden der Häuser in unmittelbarer Nachbarschaft der Kariye Camii wurden vom Türkischen Automobilclub wieder als osmanische Stadtviertel in der Farbigkeit des 19. Jh. hergerichtet.
Edirnekapı • Kariye Camii Sk. • an der Dolmuş-Linie von Vezneciler, Knotenpunkt zahlreicher Buslinien • Do–Di 9.30–16.30 Uhr • Eintritt 10 €

Kılıç Ali Paşa Camii (Kılıç-Ali-Paşa-Moschee) ▶ S. 114, B 12

Die Moschee, die sich der Großadmiral Kılıç Ali Paşa von Sinan oder einem seiner Schüler 1583 errichten ließ, stand einst direkt am Wasser – erst Landgewinnungen haben sie über 100 m ins Festland gedrückt. Es handelt sich hier um eine einzigartige Spielerei: eine »verbesserte« Kopie der Hagia Sophia in verkleinertem Maßstab, mit einem Vorbau, der das Konzept des doppelten Narthex in die osmanische Galerie übersetzt, den Raum für die zum Gebet zu spät Gekommenen. Zum Gebäudekomplex gehören noch Mausoleum und Bad.
Tophane • Necatibey Cad. • Tramhaltestelle Tophane

Kız Kulesi (Leanderturm)
▶ S. 85, b 4

Eigentlich ein Zweckbau: ein Leuchtturm auf einer Sandbank keine hundert Meter vor dem Hafen von Üsküdar. Der Turm wurde von europäischen Istanbul-Besuchern mit ungenügenden Kenntnissen klassischer Literatur als Schauplatz der Sage von Hero und Leander identifiziert.
Der türkische Name »Mädchenturm« bezieht sich auf eine Volkserzählung, nach der ein König seine Tochter vor den Folgen einer Weissagung schützen wollte, nach der sie durch einen Schlangenbiss sterben würde. Auf die (schlangenfreie) Insel verbannt, vereinsamte das Mädchen; der Vater schickte zum Trost einen bunten Obstkorb, in den jedoch eine Schlange geriet, die die Prinzessin schließlich tötete.
Bootsverbindung von Salacak, nachmittags auch von Ortaköy, abends von Kabataş

Küçük Ayasofya Camii (Kirche der Heiligen Sergios und Bakchos) ▶ S. 119, D 20

Die »Kleine Hagia Sophia« ist eine Kirche aus der Zeit von Kaiser Justinian I. (527–565) mit einem äußerst interessanten Aufbau: Kuppel auf ungleichmäßigem Achteck, das asymmetrisch in den annähernd quadratischen Grundriss eingeschrieben ist. Die Kuppel besteht aus 16 Sektionen, die abwechselnd flach und eingewölbt sind, der Querbalken zeigt eine Inschrift zum Lob des hl. Sergios, Kaiser Justinians und seiner Gemahlin Theodora. Sehr schöne frühbyzantinische Kapitelle.
Im Garten der Moschee liegt das Mausoleum Küçük Hüseyin Ağas, eines schwarzen Obereunuchen, der die Kirche Anfang des 16. Jh. in eine Moschee umwandelte. Die zwischenzeitlich als Derwischkonvent benutzte mitgestiftete Medrese um den Hof der Moschee beherbergt heute ein Café und Kulturvereine.
Kumkapı • Küçük Ayasofya Cad. • Bahnhaltestelle Kumkapı

Nuruosmaniye Camii (Nuruosmaniye-Moschee) ▸ S. 118, C 19

Die Moschee des »Osmanischen Lichts« (vollendet 1755) ist ein außergewöhnlicher Bau, der die Architekturtradition der Zeit Süleymans des Prächtigen zugunsten von Experimenten mit neuen, auch europäischen Formen aufgibt. Bemerkenswert sind vor allem der monumentale Zugang zur Sultansloge und der siebeneckige Moscheehof.
Çemberlitaş • Vezirhanı Cad. • Tramhaltestelle Çemberlitaş

Rumeli Hisarı ▸ S. 85, b 3

Diese Burg wurde von Mehmed II. vor der Eroberung der Stadt erbaut. Sie sollte zusammen mit der älteren Anadolu Hisarı am gegenüberliegenden Bosporusufer der Sperrung des Schwarzmeerzugangs dienen. Die vier Türme haben eine Mauerstärke von bis zu 7 m. Im Sommer finden hier viele gut besuchte Konzerte (Türkpop) statt.
Rumelihisarı • Do–Di 9.30–17 Uhr • Eintritt 4 €

Rüstem Paşa Camii (Rüstem-Paşa-Moschee) ▸ S. 118, C 17

Rüstem Paşa, Großwesir und Schwiegersohn Süleymans des Prächtigen, war einer der reichsten Männer seiner Zeit. Stiftungen im ganzen Osmanischen Reich, vor allem von profitorientierten Objekten wie Karawansereien, zeugen von seinem Sinn für Gewinn bringende Investitionen. Die Moschee in Istanbul, 1560 von Architekt Sinan entworfen, steht unterhalb der Anlage seines Schwiegervaters, der Süleymaniye, inmitten eines Basarviertels. Bemerkenswert ist der reiche, vielfarbige Kachelschmuck.
Eminönü • Hasırcılar Cad. • Busbahnhof, Schiffsanlegestellen und Tramhaltestelle Eminönü

Die Burg Rumeli Hisarı (▸ S. 53) bewachte einst den Bosporus. Heute verbindet die Fatih-Sultan-Mehmet-Brücke Europa und Asien.

Der gewaltige Innenraum der Süleymaniye Camii (▶ S. 55) aus dem 16. Jh. Das Gotteshaus zählt zu den schönsten Moscheen Istanbuls.

Şehzade Camii (Prinzenmoschee) ▶ S. 118, A 18

Die erste Monumentalmoschee, die der Architekt Sinan baute, stiftete Süleyman der Prächtige für seinen 1543 an einer Seuche verstorbenen Sohn Mehmed. Er ist zusammen mit seinen Halbbrüdern Mustafa und Cihangir in einem Mausoleum hinter dem Bau beigesetzt. Die Kuppel (Durchmesser 19 m) ist zu jeder Seite hin durch eine Halbkuppel gestützt, ein Architekturschema, das später u.a. von der Sultan-Ahmed-Moschee aufgenommen wurde. Dieser Plan lässt die Moschee nach außen hin reich abgestuft erscheinen, der Innenraum dagegen wirkt etwas ungegliedert. Zur Moschee gehören eine Karawanserei, eine öffentliche Küche und eine Hochschule (Medrese).
Sarachane • Şehzadebaşı Cad. • Tramhaltestelle Lâleli

Sokollu Mehmed Paşa Camii (Sokollu-Mehmed-Paşa-Moschee) ▶ S. 119, D 19/20

Mehmed Paşa aus Sokol in Bosnien war Großwesir Süleymans des Prächtigen, seines Sohnes Selim II. und Enkels Murad III. 1579 fiel er einem Attentat zum Opfer. Schon 1571 aber ließ sich Mehmed Paşa vom Baumeister Sinan seine Moschee errichten. Die Lösung für die schwierige Hanglage, auf der die Anlage errichtet wurde, ist außerordentlich elegant: Die hoch aufragende Moschee (die Scheitelhöhe der Kuppel ist fast zweimal so groß wie die Raumtiefe) blickt auf einen Moscheehof, in dessen Arkaden die Zellen einer theologischen Hochschule (Medrese) untergebracht sind. Der Unterrichtsraum liegt direkt der Moschee gegenüber.

Der Hauptzugang zum Hof führt von der weiter unten liegenden Straße unter diesem Unterrichtsraum hindurch zur Moschee. Das Spiel mit der Vertikalen zeichnet diese Anlage aus, zu der hinter der Moschee noch ein durch Mauern verborgener Derwischkonvent gehört. Höchst elegant ist auch die Innendekoration der Moschee, vor allem die zum Teil noch originale Ausmalung aus dem 16. Jh. und der großartige Fliesenschmuck. In der Gebetsnische (Kibla) und im Gebetsstuhl (Minbar) sollen Steine von der Kaaba in Mekka eingearbeitet sein.

Sultanahmet • Özbekler Sk. • Tramhaltestelle Sultanahmet

Süleymaniye Camii (Süleymaniye-Moschee) 6
▶ S. 118, B 17/18

Der größte der Stiftungskomplexe der Stadt ist der Süleymans des Prächtigen, den die Türken Kanunî, den »Gesetzgeber«, nennen, und er ist zugleich ein architektonisches Meisterwerk. Der Kern der Anlage, den eine mit vergitterten Fenstern durchbrochene Mauer umgibt, wird von der Moschee mit Vorhof vorne und Friedhof hinten gebildet.

Die Moschee, die die Kuppelstellung der Hagia Sophia aufnimmt, ist als Denkmal der religiös gerechtfertigten Macht Süleymans gedacht; zugleich als symbolische Abbildung des Paradieses; Süleyman wurde hier geradezu als »Salomon der Gegenwart« gefeiert. Die **Innenausstattung** ist auf den ersten Blick recht schlicht, aber erlesen; die farbigen Fenster sind original. Die beiden größeren der vier Minarette haben je drei Balkone, die über getrennte Treppen zu erreichen sind. Der Brunnen (»şadırvan«) im Hof der Moschee ist besonders elegant, sein merkwürdiges Wasserzuführungssystem (Brausen von oben und den Seiten) ist mit einer Paradiesschilderung des Korans zu erklären.

Das **Mausoleum** (Türbe) Süleymans, im Gegensatz zu dem seiner Frau Hürrem Sultan zugänglich, ist eine prachtvolle Miniaturisierung des Felsendoms in Jerusalem.

Für die Entwicklung der Stadt waren die Nebenbauten mindestens ebenso wichtig wie die Moschee, denn die sultanische Stiftung fungierte als Arbeitgeber in großem Stil. Wesentlich sind fünf Lehranstalten: Vier theologisch-juristische **Hochschulen** (Medrese) wurden hier errichtet, die die Hochschulen der Fatih Camii noch an Rang übertrafen. Zwei von ihnen liegen an der Südwestseite der Anlage; sie beherbergen heute die Süleymaniye-Bibliothek mit ihrer außerordentlichen Sammlung islamischer Handschriften. Die beiden anderen wurden am Abhang gebaut und stehen an der gegenüberliegenden Gasse. Die fünfte Lehranstalt ist das Dar ül-hadis, eine auf das Studium prophetischer Rechtsüberlieferung spezialisierte Anstalt, die in einem lang gestreckten Gebäude mit 22 Zellen nach Osten hin den Gebäudekomplex abschließt. Es liegt auf der Ebene der Moschee, das Straßenniveau aber ist wegen der Hanglage bereits so viel tiefer, dass eine Ladenzeile als Untergeschoss Platz hatte. Die Ladenmieten trugen ebenso zum Unterhalt der Moschee bei wie die Einnahmen aus dem Bad vis-à-vis.

Gegenüber dem Moscheevorhof befinden sich die heute geschlossene **Karawanserei** und die öffentliche Küche, in der seit einigen Jahren das Restaurant Darüzziyafe osmanische Speisen serviert. An der Ecke neben

Der trubelige Taksim-Platz (▸ S. 57) mit dem Denkmal der Republik, das an die Staatsgründung 1923 erinnert, ist ein wichtiger Verkehrsknotenpunkt Istanbuls.

der öffentlichen Küche liegt das ehemalige Krankenhaus, zwischen ihm und der Süleymaniye-Bibliothek eine medizinische Hochschule. Drei kleinere Bauten dürfen nicht vergessen werden: Zur Stiftung gehörten weiter der Brunnen auf dem Platz zwischen dem heutigen Universitätsgelände und der Moschee, eine Elementarschule und schließlich das Mausoleum Sinans, halb offen an der gegenüberliegenden Ecke der Anlage. Hier ruht der Mann, von dem man ruhigen Gewissens behaupten kann, er habe Istanbul so viel Schönheit geschenkt wie kein Zweiter. Tatsächlich ist die Süleymaniye Camii mit den sie umgebenden alten Holzhäusern das osmanische Herzstück der Stadt.

Küçükpazar • Süleymaniye Cad. •
Tramhaltestelle Beyazıt, Dolmuş-Endstelle Vezneciler

Sultan Ahmed Camii (Blaue Moschee) ▸ S. 119, D 19

Sechs schlanke Minarette und vier monumentale Elefantenfüße: Die

von Sultan Ahmed I. gestiftete Moschee wurde zwischen 1609 und 1616 errichtet. Alles ist auf Größenwirkung angelegt, dabei ist das Bauvolumen etwa »nur« halb so groß wie das der gegenüberliegenden Hagia Sophia. Der Außenbau ist durch wohlproportionierte Kuppeln abgestuft. Sechs Minarette lassen den Bau noch gewaltiger erscheinen. Den Innenraum beherrschen die sogenannten Elefantenfüße, vier mächtige Pfeiler, die die Hauptlast der Kuppel aufnehmen. Seinen Namen verdankt der Bau den 21 000 Wandfliesen aus İznik auf den Galerien, die wirklich zumeist blau gefärbt sind.
Sultanahmet • Sultanahmet Meydanı • Tramhaltestelle Sultanahmet

Taksim Meydanı (Taksim-Platz)
▸ S. 114, C 10

Der »Platz des Wasserverteilers« war bis in das 20. Jh. hinein das Nordende der Stadt. Von hier führten die Wasserleitungen nach Beyoğlu; jenseits des Platzes lagen Kasernen und freies Feld. Mit der Erweiterung der Stadt wurde der Taksim-Platz zum Zentrum des neuen Istanbul ausgebaut. Man bewahrte den Wasserverteiler als Monument, errichtete ein Denkmal für den türkischen Befreiungskrieg, schleifte die Kaserne und baute an ihrer Stelle einen Park. Oper, Hotels und Bühnen folgten, Verkehrslärm, Blumenverkäufer und Imbissstuben kamen hinzu.
Taksim Meydanı • Verkehrsknotenpunkt Taksim

Tekfur Sarayı (Tekfur-Palast)
▸ S. 111, D 2

Der als eindrucksvolle Ruine erhaltene byzantinische Palast gehörte in der Spätzeit wohl zur Kaiserresidenz, die im nahe gelegenen Blachernenpalast untergebracht war. In osmanischer Zeit diente der zunehmend verfallende Bau aus Ziegeln und Marmor als Menagerie, als Bordell, als Fayencemanufaktur und auch als Glasfabrik.
Edirnekapı • Avcılar Mah. 80 • Bushaltestelle Ayvansarayı • Besichtigung nur Sa, So 9.30–17.30 Uhr mit Erlaubnis der Direktion der Hagia Sophia: Tel. 02 12/5 22 09 89 • Eintritt 1,20 €

> **WUSSTEN SIE, DASS …**
>
> … Istanbul erst 1945 mehr als eine Million Einwohner hatte? Heute sind es offiziell 12,5, tatsächlich vermutlich 15.

Tophane
▸ S. 114, B 11

Eine Kanonengießerei brauchte eine Militärmacht wie die der Osmanen in ihrer Hauptstadt natürlich immer. Der heutige Bau stammt aus der Zeit von Selim III., der Ende des 18. Jh. das osmanische Militär modernisierte. Etwas überrestauriert, ist das Tophane heute Ausstellungsgelände.
Tophane • Boğazkesen Cad. • Tramhaltestelle Tophane • variierende Öffnungszeiten

Tophane Çeşmesi (Tophane-Brunnen)
▸ S. 114, B 12

Dieser Brunnen wurde 1732 vor der Kanonengießerei errichtet, zwei Jahre nach dem Ende der Tulpenzeit. Hier konnte sich die Lebensfreude und Eleganz dieser Epoche aber noch einmal manifestieren. Blumen- und Obststillleben, Kalligrafien und reiche Ornamentik übertreffen sogar den Dekor des Brunnens, den Ahmed III. vor dem Topkapı-Palast auf-

stellen ließ. Einst stand der Brunnen am Bosporusufer; inzwischen wurde dem Bosporus Land abgewonnen.
Tophane • Tophane İskele Cad. • Tramhaltestelle Tophane

Topkapı Sarayı (Topkapı-Palast) 7 ▶ S. 119, F 18

Als Mehmed II. 1453 Konstantinopel eroberte, lebten dort weniger als 50 000 Menschen. Für die Hauptstadt eines ehemaligen Weltreiches eine auffallend geringe Zahl. So war genug Platz für mehrere große Paläste. Den ersten errichtete der Sultan auf dem heutigen Universitätsgelände, am höchsten Punkt der Stadt; 1469 dann den »Neuen Palast« auf der Landspitze, die Goldenes Horn und Marmarameer trennt. Er sollte auch militärische Zwecke erfüllen: Eine Artilleriestellung schützte vom Platz des heutigen Atatürk-Denkmals aus den Zugang zum Hafen. Ihr verdankt der ehemalige »Neue« Palast seinen Namen, »Topkapı« bedeutet »Kanonentor«. Lange Zeit existierten beide Paläste nebeneinander, erst zur Zeit Süleymans des Prächtigen (1520–1566), der allerdings auch den Alten Palast weiter benutzte, zog der Harem in den Neuen, der zum Hauptwohnsitz des Großherrn und zeremoniellen Zentrum des Reichs wurde.

Im Alten Palast waren zuletzt nur unwichtigere Teile der Verwaltung und die Haremsdamen bereits verstorbener Sultane untergebracht, bevor er 1826 schließlich dem Kriegsministerium übergeben und später dann abgerissen wurde.

Der Topkapı-Palast dagegen wurde als Hauptsitz des Sultans ständig um- und ausgebaut. Erst 1856 bezog der Hof den Dolmabahçe Sarayı, in den Topkapı-Palast kamen wiederum die Angehörigen des Harems verstorbener Sultane und Verwaltungsstellen, darunter die staatliche Münze. Mitte des 19. Jh. wurde ein Teil des Palastgartens für den Bau des Archäologischen Museums zur Verfügung gestellt; Ende des Jahrhunderts verlegte man die Eisenbahnstrecke entlang des Bosporus durch den Palastgarten.

Den Haupteingang des Palastes, das **Bab-i hümayun** (großherrliches Tor), erreicht man an der Rückseite der Hagia Sophia. Durch ihn gelangt man in den bis heute öffentlichen, frei zugänglichen ersten Hof der Anlage, der schon wegen seiner Größe und ungleichmäßigen Berandung etwas unübersichtlich wirkt. Der Hof wurde als Aufmarschfeld für das Heer benutzt. Viele der Gebäude in diesem Bereich dienten dem Militär, links vom Eingang die **Aya İrini** (▶ S. 44) mit angrenzenden Bauten etwa als Waffenarsenal. Rechts befanden sich riesige Bäckereien, die Tausende mit Brot und Gebäck versorgten. Gegenüber ist das Gelände der Münzprägeanstalt (»darphane«). Daneben führt ein Tor in den Palastgarten, zu dem von Mehmed II. errichteten **Çinili Köşk** (▶ S. 65), der reich mit prächtigen Fliesen geschmückt ist und indopersische Stilelemente aufweist. Außerdem führt dieser Weg zum Alay Köşkü auf der äußeren Palastmauer. Von diesem Pavillon aus verfolgten die Großherren die Festumzüge und Paraden.

Ein recht wehrhaft anzusehendes Tor, das **Orta Kapı** (Mittleres Tor) oder **Bab üs-Selâm** (Tor des Friedens), führt in den zweiten Hof, in dem die sogenannten äußeren Dienste des Palastes untergebracht

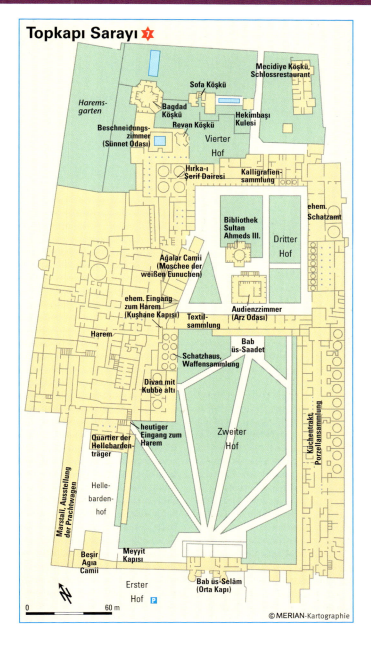

Das Privatgemach Murads III. im Topkapı-Palast (▶ S. 58). Ob der Sultan, der von 1574 bis 1595 regierte, alle seine 103 Kinder hier zeugte, ist nicht belegt.

waren. Hier zahlte man auch den Janitscharen ihren Sold und empfing Gesandte anderer Staaten. Rechts befindet sich der ehemalige Küchentrakt mit der weltberühmten Sammlung chinesischen und osmanischen Porzellans, die die Osmanen hinterließen. Links führt ein kleines Tor zu den Marställen, in denen heute u. a. großherrliche Prachtwagen (vor allem 19. Jh.) ausgestellt sind. Der Bau am Nordende dieses Trakts war das Quartier der betressten Hellebarden-Träger (»zülüflü baltacılar«).

Das bemerkenswerteste Bauwerk des zweiten Hofes ist jedoch das Gebäude des großherrlichen Divans. Er tagte unter dem »Turm der Gerechtigkeit« in einem Raum, der »Kubbealtı« (unter der Kuppel) genannt wurde. Der Divan war das höchste Rechtsprechungs- und Entscheidungsorgan nach dem Sultan. Hier tagten die Wesire, Spitzen der Bürokratie und Rechtsgelehrtenschaft unter Vorsitz des Großwesirs. Alle Entscheidungen mussten dem Sultan, der jederzeit durch ein vergittertes Fenster in der Wand den Verhandlungen zuhören konnte, zur Genehmigung vorgelegt werden, um gleich darauf zur Vollstreckung zu kommen. Neben diesem noch mit der Dekoration des 16. Jh. erhaltenen Raum befand sich gleich das Sekretariat (barock), daneben der Staatsschatz (von acht Kuppeln bedeckt). Damit ist man an der Stirnwand des zweiten Hofes angelangt. Hier empfängt einen das weit ausragende Dach des **Bab üs-Saadet** (Tor der Glückseligkeit), das in den dritten Hof führt. Zuvor muss man jedoch eine kleine steinerne Markierung am Boden passieren: die Stelle, an der das Prophetenbanner präsentiert wurde, wenn das Osmanische Reich einen Feldzug eröffnete.

Der dritte Hof war dem Sultan und wenigen Auserwählten vorbehalten. Zum Betreten des Geländes war eine Sondergenehmigung nötig. Auch wenn das Bab üs-Saadat geöffnet ist, ist der dritte Hof nicht zu sehen. Ein direkt hinter ihm stehender **Pavillon** versperrt die Sicht. Bei diesem Pavillon handelt es sich um das Audienzzimmer der Großherrn, das in seiner heutigen Form aus der Zeit Süleymans des Prächtigen stammt. Hier wurden dem Sultan in strengem Zeremoniell die Spitzen des Reichs, aber auch ausländische Botschafter vorgeführt. Die prachtvolle Ausstattung mit dem niedrigen, zum Hocken bestimmten Thron sollte den Gästen verdeutlichen, dass sie sich im Bereich des Herrschers befanden. Der dritte Hof enthält herrliche Sammlungen, die zum Teil in den Räumen des ehemaligen Schatzamtes und der Pagenschule untergebracht sind, darunter prachtvolle Stücke des osmanischen Schatzes, Kleidungsstücke von Herrschern und Prinzen, Miniaturen, Waffen, Porträts und Werke der Kalligrafie.

In der Mitte des Hofes erhebt sich die elegante **Bibliothek Ahmeds III.** In den Hof hinein ragt die größte Moschee des Palastgeländes. Sie ist ausgesprochen schlicht gehalten und diente den Pagen, nicht dem Herrscher, zum Gebet. In der nordwestlichen Ecke des Hofes befindet sich das **Hırka-ı Şerif Dairesi**, in dem Gegenstände mit religiöser Bedeutung aufbewahrt werden; u. a. ein Mantel und Barthaare des Propheten Mohammed. Seit Kurzem sitzt hier auch wieder ein Koranleser, der ohne Pause aus dem Koran vorträgt.

Vom dritten Hof gelangte man früher in den **Harem**; heute dient dieses Tor nur noch als Zielpunkt der Führungen, die nun im zweiten Hof beginnen (mehrere Fremdsprachen, Dauer ca. eine halbe Stunde, 1,20 €). Dieser privateste Palastkomplex wurde nur in Teilen zugänglich gemacht. In ihm war das weibliche Gefolge des Sultans, seine Frauen und Konkubinen, untergebracht, betreut und bewacht von »weißen« und »schwarzen« Eunuchen. Die prächtigsten Räume bewohnte die Sultansmutter mit ihrem eigenen Hofstaat. Seit der zweiten Hälfte des 16. Jh. kamen auch Prinzen dazu, die man auf diese Weise, streng von der Außenwelt isoliert, unter Kontrolle hielt, aber nicht unbedingt zum Regieren fähiger machte.

Der schönste Teil des Palastes sind die **Gartenanlagen** hinter dem dritten Hof. Hier stehen die herrlichen Pavillons, die Murad IV. (1623–1640) anlässlich seiner Eroberungen errichten ließ: »Revan« (Eriwan) und »Bağdad Köşkü«, hier steht auch die halb offene Konstruktion des »Beschneidungszimmers« der Prinzen. Auch der Goldbaldachin des İftariye Köşkü, den der Sultan Ibrahim errichten ließ, ist gelungene Architektur. Von hier hat man einen herrlichen Blick über die Stadt.

Älter sind der Torpavillon, von dem aus ein Weg in den Gülhane-Park führte, und der »Turm des Leibarztes«, der einst mit einer Aussichtsterrasse ausgestattet war. Architektonisch will der Mecidiye Köşkü aus der Mitte des 19. Jh. nicht recht ins Ensemble passen, aber man hat von seiner Terrasse einen wunderbaren Blick über das Marmarameer und zum Bosporus; und hier ist auch das Schlossrestaurant (leider etwas teurer) untergebracht.

> **MERIAN-Tipp**
>
> **YEREBATAN SARAYI (YEREBATAN-ZISTERNE)**
> ▶ S. 119, D 19
>
> 336 Säulen, jede 8 m hoch, tauchen in farbigem Licht auf und verschwinden wieder; Musik setzt ein und übertönt das Tropfen von Wasser: Diese von Justinian I. (527–565) errichtete unterirdische Zisterne ist 140 x 70 m groß und fasste 80 000 Kubikmeter Wasser. Man wandert über die Betonstege, um die Kapitelle und die beiden riesigen Medusenhäupter zu betrachten. Erfrischung im Café zwischen den Säulen.
> Sultanahmet • Yerebatan (Hilâliahmer) Cad. • Tramhaltestelle Sultanahmet • Mi–Mo 9–18.30 Uhr • Eintritt 4,50 €

Sultanahmet • Sarayiçi • Tramhaltestelle Sultanahmet • www.topkapisarayi.gov.tr • Mi–Mo 9.30–17 Uhr • Eintritt 8,50 €, für Harem und Schatzkammer jeweils 6,50 € extra

Tünel ▶ S. 113, F 7/8

1874 bauten die Osmanen ihre erste U-Bahn: den wenige Hundert Meter langen Tünel, dessen Zahnradwagen den Abhang zwischen der ersten Brücke über das Goldene Horn und dem Ende des İstiklâl Caddesi, der alten Grand rue de Péra, überwinden. Ein verkehrstechnisches Monument, aber auch ein Zeichen für die Modernität des späten Osmanischen Reiches, das Europa nur für den kranken Mann am Bosporus hielt.
Letzte Fahrt gegen 21 Uhr • Jeton für die Sperre 0,50 €

Yedikule ▶ S. 85, a 4

Die »Burg der sieben Türme« ist eine osmanische Erweiterung der byzantinischen Stadtmauer und zugleich eine Renaissancefestung auf türkische Art: Der Grundriss berücksichtigt die Grundsätze des Genuesen Leon Battista Alberti, dessen Werk zur Baukunst fünf Jahre, bevor Yedikule 1457 begonnen wurde, erschienen war. Aufgabe der Anlage war weniger der Schutz der Metropole vor äußerer Bedrohung, als hier, fernab vom Zentrum, ein befestigtes Fort zur Aufbewahrung des Schatzes, als Pulverdepot und als Staatsgefängnis zu bieten. Zentrum der Anlage ist die **Porta aurea** (Goldenes Tor), ein Triumphbogen Kaiser Theodosios I. Bereits 447 wurde das von zwei Türmen mit quadratischem Grundriss bewehrte Tor in die Byzantinische Landmauer mit einbezogen. Die Osmanen mauerten das Tor zu und bauten drei Rundtürme auf der Stadtseite. Eine Mauer verband diese Türme mit den Türmen der Stadtmauer. Vom Mauerring bietet sich eine grandiose Aussicht, die Wallanlagen vor der Burg vermitteln eine gewisse Gartenromantik.
Yedikule • Kule Meydani 4 • Endhaltestelle der Buslinien 80, 80T • tgl. 9–18.30 Uhr

Yeni Camii (Neue Moschee) ▶ S. 118/119, C/D 17

Unübersehbar an der Galatabrücke liegt diese Moschee, deren Bau 1597 von Safiye Sultan begonnen und erst 1663 von Turhan Sultan vollendet wurde. Der monumentale Moscheebau mit dem Vierpassgrundriss der Şehzade-Moschee und dem Innendekor aus Iznik-Fliesen bildet den Abschluss der Architekturtradition

Die gut erhaltene und öffentlich zugängliche Yerebatan-Zisterne (▶ MERIAN-Tipp, S. 62) sicherte im mittelalterlichen Byzanz die Wasserversorgung Konstantinopels.

Sinans. Der benachbarte Ägyptische Basar gehörte ebenso zur Stiftung wie die große Türbe, das Mausoleum zwischen diesen beiden Großbauten.
Eminönü Meydani • Verkehrsknotenpunkt Eminönü mit Schiffsanlegestelle

Yıldız Sarayı (Yıldız-Palast)
▶ S. 85, b 3

Es gab Zeiten, da wurde der Name »Yıldız« nicht oder nur mit Furcht ausgesprochen: Von 1878 bis 1908 regierte in der Palastanlage klug, aber despotisch Abd ül-Hamid II. Teile seines Palastes sind verschwunden, andere werden von Stiftungen genutzt, der Park ist öffentlich zugänglich. Ein Teil des Palastes ist zu besichtigen, die alte Porzellanmanufaktur von Yildiz verkauft ihre Erzeugnisse.
Beşiktaş • Çırağan Cad. • Verkehrsknotenpunkt Beşiktaş • tgl. bis Sonnenuntergang • Eintritt frei • Besuch des Yıldız Şale Köşkü (Museum) Di, Mi, Fr–So 9.30–16 Uhr (Führung) • Eintritt 2 € • Porzellanverkauf in der Manufaktur (oberer Parkeingang, Palanga Cad.)

Museen und Galerien Istanbuls
Museen sind eine wahre Schatzgrube und eigentlich schon eine eigene Reise wert. Hier finden sich Zeugen einer jahrtausendealten Kultur.

◂ Die Archäologischen Museen in Istanbul (▶ S. 65) gehören weltweit zu den renommiertesten ihrer Art.

Jahrtausendelang fanden die besten Kunstwerke des östlichen Mittelmeerraums ihren Weg nach Byzanz und Istanbul, wo die politisch und finanziell potenten Hauptstädter des Reichs mit großer Leidenschaft und Kunstsinn sammelten. Seit dem 19. Jh. fließen die Kunsthandels- und Kunstschmuggelströme vor allem Richtung Europa und Nordamerika. Überwältigend bleiben die Istanbuler Sammlungen, deren beste Stücke in den Museen ausgestellt werden, aber allemal.

Was zeitgenössische Kunst angeht, gilt Istanbul inzwischen als Shootingstar« der internationalen Kunstszene. Kommerzielle Galerien sind vor allem in Teşvikiye, Nişantaşı und Kadıköy, Großsponsoren stellen in Beyoğlu aus, und die Off-Scene findet sich in Tophane und Asmalımescit. Informationen zu Ausstellungen bietet die Tagespresse (»Radikal« oder »Cumhuriyet«) sowie das monatlich erscheinende »Time Out İstanbul«.

MUSEEN

Arkeoloji Müzeleri (Archäologische Museen) 8 ▶ S. 119, E 18

Das erste Museum des Landes – und zwar auch im engeren Sinne des Wortes. Es geht auf eine 1846 in der Aya rini untergebrachte Antikensammlung zurück, die 1869 zum Hofmuseum wurde. Vom bedeutenden Archäologen und Maler Osman Hamdi veranlasst, konnte 1891 das jetzige Hauptgebäude eröffnet werden. Seit Hamdis Zeit als Direktor besitzt Istanbul eine Antikensammlung, die mit den größten Sammlungen der Welt in einem Atemzug genannt wird. Sie ist zwischen dem ersten Hof des Topkapı-Palasts und dem Gülhane-Park untergebracht.

Arkeoloji Müzesi (Museum der Klassischen Archäologie): mit weltberühmten Stücken wie dem Alexandersarkophag, dem pergamenischen Porträtkopf Alexanders, der Ephebenstatue aus Tralles, griechischer und römischer Skulptur aus Sidon, Magnesia am Mäander, Aphrodisias, Troja usw. Wichtig sind auch die Sammlung zur phrygischen Kultur und die reichen Bestände an Keramik und Metallarbeiten (Schmuck).

Eski Şark Eserleri Müzesi (Altorientalische Sammlung): die manchmal neben der klassisch-archäologischen Sammlung vom Besucher etwas vernachlässigten Bestände aus osmanischen Grabungen und Funden der altsüdarabischen, altägyptischen, sumerischen und akkadischen Kultur sind mit den Schätzen auf der Berliner Museumsinsel vergleichbar. Gemeinsam ist beiden Museen auch, dass sie Teile des berühmten babylonischen Ischtar-Tores präsentieren, dessen aus Relieffliesen gefertigte Tierdarstellungen zum Urbild babylonischer Kunst wurden.

Çinili Köşk (Keramik- und Schmuckfliesensammlung): der »Pavillon mit den Fliesen«, den Mehmed der Eroberer erbauen ließ (▶ S. 58), ist wegen seiner indisch anmutenden Architektur und Dekoration ein eigenständiges Kunstwerk. Die hier ausgestellte Sammlung präsentiert seldschukische Fliesenkunst, vor allem durch Fundstücke aus dem Palast Sultan Alâ üd-Din Keykubads (1219–1236) in Beyşehir, auf denen auch Tiere und Menschen abgebildet

MUSEEN UND GALERIEN

> **MERIAN-Tipp**
>
> **SABANCI ÜNIVERSITESI**
> **SAKIP SABANCI MÜZESI**
> ▶ S. 85, b 3
>
> Die Sammlung des Großindustriellen Sakip Sabancı (Malerei des 19. und 20. Jh., islamische Kalligrafie und Kunsthandwerk) wurde im stattlichen Familiensitz am Bosporusufer untergebracht und in ein professionelles, modernes Museum umgewandelt. Gediegene Sammlung der türkischen klassischen Moderne, sensationelle Wechselausstellungen (Picasso).
> Emirgân • Istinye Cad. 22 •
> Bushaltestelle Emirgân •
> www.muze.sabanciuniv.edu •
> Di, Do, Fr, So 10–18, Mi 10–22,
> Sa 10–19 Uhr • Eintritt 6,50 €

sind. Der zweite Schwerpunkt der Sammlung ist Keramik aus İznik aus dem 16. Jh. Schließlich wird die spät- und neobarocke Keramikkunst der osmanischen Porzellan- und Keramikmanufaktur in Çanakkale gezeigt.
Sarayiçi • Gülhane Parkı • Tramhaltestelle Gülhane Parkı • www.kultur.gov.tr • Di–So 9–19 Uhr, die Altorientalische Sammlung nur Mi, Fr und So, der Çinili Köşk Di, Do und Sa geöffnet • Eintritt 4 €

Askerî Müze (Militärmuseum)
▶ S. 115, nördl. D 9

Das Militärmuseum gehört nach wie vor den Streitkräften; und man muss anerkennen, dass hier weder Chauvinismus betrieben noch Geschichte verfälscht wird. Gezeigt werden osmanische Waffen und Ausrüstungsgegenstände, aber auch Beutestücke, wie z. B. spätmittelalterliche deutsche Schwerter sowie Exponate zum Ersten Weltkrieg und türkischen Befreiungskrieg. Das glänzendste Stück ist ein originales Feldzugszelt des osmanischen Sultans, eine weitere Attraktion ist das Konzert der »mehter«: historische Marschmusik in den Kostümen der osmanischen Militärkapelle (15–16 Uhr).
Harbiye • Cumhuriyet Cad. • alle Buslinien, die vom Taksim-Platz nach Norden fahren • Mi–So 9–17 Uhr • Eintritt 1 €

İstanbul Modern
▶ S. 114, C 12

Das Museum verfügt über eine reichhaltige Sammlung der türkischen Moderne. Werke von den osmanischen Orientalisten (Osman Hamdi) bis in die Gegenwart. Ein hochinteressantres und modernes Museum auch, was Präsentation und Rahmenprogramm angeht.
Karaköy • Meclis-i Mebusan Cad. Liman Sahası Antrepo No. 4 • Tramhaltestelle Tophane • www.istanbulmodern.org • tgl. außer Mo 10–18, Do bis 20 Uhr • Eintritt 3 €

Mozaik Müzesi (Mosaikenmuseum)
▶ S. 119, D/E 20

Vom Großen Kaiserplatz von Byzanz ist fast nichts erhalten; er ist abgetragen, überbaut, verschüttet. Als man nachgrub, fand man aber Mosaiken, die nun in einer restaurierten Basargasse des 17. Jh. hinter der Sultan-Ahmed-Moschee beinahe am Originalort präsentiert sind. Die Bilder zeigen ländliche Szenen, Jagden, Motive der antiken Mythologie in höchster künstlerischer Vollendung.
Sultanahmet • Arasta Çarşısı İçi •
Tramhaltestelle Sultanahmet •
Do–Di 9.30–17 Uhr • Eintritt 2,50 €

Pera Müzesi (Pera-Museum)
▶ 114, A 11

Das zentral gelegene Pera-Museum der Industriellenfamilie Koç bietet neben Ausstellungen zur materiellen Kultur Anatoliens (Keramik, Gewichte und Maße) wechselnde Präsentationen einer bemerkenswerten Sammlung orientalistischer Malerei und Wechselausstellungen international renommierter Künstler.
Beyoğlu • Meşrutiyet Cad. 65, Tepebaşı • Tramhaltestelle Galatasaray • www.peramuzesi.org.tr • Di–Sa 10–19, So 12–18 Uhr • Eintritt 5 €

Resim ve Heykel Müzesi (Museum der Bildenden Künste)
▶ S. 115, F 9

Auf Befehl Atatürks 1937 gegründet, ist dies die beste Sammlung türkischer Malerei und Skulptur seit spätosmanischer Zeit. Nur eine kleine Auswahl der reichhaltigen Sammlung ist öffentlich zugänglich. Untergebracht im Thronfolgerflügel des Dolmabahçe-Palastes, sind vor allem Bilder aus der Übergangszeit vom Osmanischen Reich zur Republik zu sehen – auch Werke des letzten osmanischen Kalifen Abd ül-Mecid (1922–24) werden gezeigt.
Beşiktaş • Dolmabahçe Sarayı (Eingang gegenüber der Ecke Şair Nedim Cad.) • Verkehrsknotenpunkt Beşiktaş • Mi–So 12–16 Uhr • Eintritt frei

Sadberk Hanım Müzesi
▶ S. 85, b 2

In einer Ufervilla aus dem 19. Jh. vom Industriellen Vehbi Koç in Andenken an seine Frau errichtetes Privatmuseum – das erste des Landes. Die Ausstellung umfasst Antiken und Keramik, der eigentliche Schwerpunkt ist aber osmanisches Kunsthandwerk. Ganze Interieurs

Das İstanbul Modern (▶ S. 66) beherbergt eine stattliche Sammlung. Das Museum eröffnete 2004 und ist in einem umgebauten Zolldepot untergebracht.

MUSEEN UND GALERIEN

geben einen Eindruck von gehobener osmanischer Lebensweise.
Büyükdere • Azaryan Yalısı, Piyasa Cad. 27–29 • www.sadberkhanim muzesi.org.tr • tgl. außer Mi 10–17 Uhr • Eintritt 3,50 €

Türk ve İslâm Eserleri Müzesi (Museum für türkische und islamische Kunst) ▸ S. 119, D 19
Der Palast, den İbrahim Paşa, der Freund und Großwesir Süleymans des Prächtigen, sich 1524 anlässlich der Heirat mit einer Tochter des Sultans direkt am Hippodrom errichten durfte, erinnert entfernt an einen italienischen Stadtpalazzo. Die ausgedehnten Baulichkeiten seines Palastes wurden nach seiner Ermordung 1536 zu Verwaltungszwecken, als Depot, Archiv, Militärschneiderei und Gefängnis genutzt. Erst 1983 wurden spätere Umbauten beseitigt und das Gebäude als Museum für türkische und für islamische Kunst wieder eröffnet.
Ausgestellt sind die erlesensten Stücke einer Sammlung von 40 000 Objekten: Steinmetzarbeiten, Keramik, metallene Gefäße, Schnitzereien, Handschriften, Teppiche aus verschiedenen muslimischen Reichen vom frühen Mittelalter bis ins 19. Jh., vor allem aber aus Anatolien. Diese exzellente Sammlung wird durch eine ethnografische Ausstellung ergänzt, in der mit Originalkostümen und -gegenständen das Leben in einem Bauernhaus am Berge Yunt, in einem Nomadenzelt, im Wohnzimmer einer Familie in Bursa oder einem Istanbuler Salon des 19. Jh. dargestellt ist.
Sultanahmet • Atmeydanı • Tramhaltestelle Sultanahmet • Di–So 9–17 Uhr • Eintritt 2,50 €

GALERIEN
İstanbul Fotoğraf Merkezi
▸ S. 114, A 10
Zentrum für Fotografie mit verschiedenen Ausstellungen, Kursen und anderen Aktivitäten.
Beyoğlu • Tarlabaşı Bulvari 272 • Bushaltestelle Ömerhayyam • Tel. 02 12/2 38 11 60 • www.istanbulfotograf merkezi.com

Milli Reasürans ▸ S. 114, nördl. C 9
Zeitgenössische türkische und internationale Kunst.
Teşvikiye • Teşvikiye Cad. 43/57 • Metrostation Osmanbey • Tel. 02 12/2 30 19 76 • www.millireasurans sanatgalerisi.com

SALT Istanbul ▸ S. 85, a 3
2011 eröffnetes Kulturzentrum mit 1100 qm Ausstellungsfläche, Walk-in-Kino und vielen Aktivitäten um Kunst, Kritik und Forschung.
Beyoğlu • İstiklâl Cad. 136 • Tramhaltestelle Odakule • www.saltonline.org • Di–Sa 12–20, So 10.30–18 Uhr

santralistanbul ▸ S. 85, a 3
Das Museum auf dem Gelände des alten E-Werks hat sich auf Großretrospektiven spezialisiert.
Eyüp • Kâzım Karabekir Cad. 1, Silahtarağa • Bushaltestellen Fil Köprüsü und Silahtarağa • www.santralistan bul.org • Di–Fr 10–18, Sa, So 10–22 Uhr • Eintritt 6 €, Kinder frei

Yapı Kredi Galerisi ▸ S. 114, B 10
Hier finden aktuelle Verkaufsausstellungen statt. Außerdem werden Exponate aus der Sammlung der die Galerie betreibenden Bank gezeigt.
Beyoğlu • İstiklâl Cad. 285–287 • Tramhaltestelle Galatasaray • Tel. 02 12/2 56 35 90

Seit dem 19. Jh. überspannen Brücken das Goldene Horn und verbinden die historische Halbinsel mit dem modernen Stadtviertel Galata (▶ S. 76).

Spaziergänge und Ausflüge

Alte Städte sind nicht für Autos gemacht: Gerade abseits der Touristenpfade macht es Spaß, Istanbul zu Fuß und auf eigene Faust zu entdecken!

Zum Pilgerziel Eyüp – Das frömmste Stadtviertel Istanbuls ✪

CHARAKTERISTIK: Eyüp ist das spirituelle Zentrum der Stadt. Unternehmen Sie diesen Spaziergang freitags, wenn viel Pilgerverkehr ist **DAUER:** 1–2 Std., bei einem Besuch des Friedhofs länger **LÄNGE:** ca. 5 km **EINKEHRTIPP:** Arasta Café, Lokmacı Ibrahim Sk., Tel. 02 12/5 65 55 64 • Café Pierre Loti (wenn man den Aufstieg durch den Friedhof macht, mit großartigem Blick), Karyağdı Sk., Tel. 02 12/5 81 26 96

KARTE ▶ S. 73

Am Ende des Goldenen Horns, außerhalb der alten Stadtmauer, liegt ein Istanbuler Stadtteil, der als der viertheiligste Ort des Islams betrachtet wird: Eyüp, so benannt nach Ayyub al-Ansari, dem Fahnenträger des Propheten Mohammed, den die Türken eben Eyüp nennen. Er soll hier gefallen sein, als die Araber 674 bis 678 erstmals Konstantinopel belagerten. Bei ihrem Abzug verpflichteten sich die Byzantiner, das Grab zu pflegen – so konnte es Mehmed II. nach der Eroberung der Stadt 1453 unter großem Propaganda- und Wunderaufwand auffinden lassen. Eyüp wurde von nun an zu dem Ort, an dem sich osmanische Sultane zum Beginn ihrer Herrschaft mit dem Schwert Osmans gürten ließen. Bis heute ist Eyüp deswegen ein Pilgerziel, und fromme Istanbuler besuchen das Grab, um Anlässe wie die Geburt oder Beschneidung eines Kindes zu feiern, um Schutz oder Heilung zu erbitten oder für die gesunde Rückkehr von einer Reise zu danken. Vor allem freitags, zur Zeit des großen Mittagsgebetes, ist das Viertel sehr lebhaft.

Eyüp Meydanı ▶ Eyüp Camii

Man beginnt den Besuch am Hauptplatz, dem **Eyüp Meydanı**, in dessen Nähe auch die Busse halten. Gleich hier liegt auch die **Eyüp Camii**, die Moschee, die 1798 bis 1800 von Selim III. völlig neu errichtet wurde, nachdem ein Erdbeben den Bau Mehmeds des Eroberers zerstört hatte. Man betritt die Anlage von dieser Seite durch einen unregelmäßig geschnittenen Vorhof.

Heilig wird es aber im von einigen wunderschönen alten Bäumen bestandenen Innenhof der Moschee. Links liegt das **Grab Eyüps**. Das Mausoleum ist im Kern immer noch der achteckige Bau, den Mehmed der Eroberer errichten ließ. Doch immer wieder wurde angestückt und ausgeschmückt. Unter Ahmed I. (1603–1617) etwa entstand der fliesengeschmückte Vorbau in den Moscheehof hinein, der heute mit einem großen Baum zusammen die Stimmung an diesem Ort ins Märchenhafte verrückt.

Der gleiche Sultan ließ auch den »Schicksalsbrunnen« gleich am Fußende des Kenotaphs Eyüps ausheben. Es handelt sich natürlich um die oberflächlich islamisierte Variante einer griechisch-orthodoxen heiligen Quelle. Die Tatsache, dass im Auftrag des Herrschers an exponierter Stelle ein solches, eher unorthodoxes Element eingefügt wurde, zeigt, wie sehr die verschiedenen

Religionen sich in der Türkei beeinflusst haben. Vom Eingangsbereich abgesehen, ist das Äußere der **Türbe** (des Mausoleums) schlicht, das Innere aber wurde im Lauf der Jahrhunderte immer prächtiger ausgeschmückt. Ein massiv silbernes Gitter (Ende des 18. Jh.) schützt den Sarkophag vor Zugriff.

Eyüp Camii ▶

Mausoleum Adile Sultans

Man verlässt den Moscheehof durch den anderen, nördlichen Ausgang und geht zwischen Mausoleen und Gräbern geradeaus weiter. Eyüp ist eine Stadt der Gräber, denn in der Nähe Ayyub al-Ansarîs begraben zu sein, bedeutete, sich in den Schutz dieses Gefährten des Propheten zu begeben. Linker Hand liegt alsbald ein größerer Baukomplex. Als Erstes sieht man ein **Mausoleum**, dessen Fassade etwas großflächig wirkt. Hier ruht die Mutter Selims III., der ja einst die Moschee hatte neu erbauen lassen. Auf diese **Mihrişah Sultan** geht auch die Armenküche (»imaret«) zurück, die sich an ihr Mausoleum anschließt. Diese Einrichtung ist bis heute in Betrieb.

Weiter geht es in Richtung Goldenes Horn! Auf der linken Seite sieht man die elegante **Bibliothek Hüsrev Paşas**, rechts das **Mausoleum Adile Sultans**. Diese Tochter Mahmuds II., die 1826 bis 1899 lebte, war eine der interessantesten Frauen der osmanischen Familie und die einzige, die eine größere Gedichtsammlung hinterlassen hat.

Mausoleum Adile Sultans ▶
Eyüp Vapur İskelesi

Statt zum Wasser zu gehen, wendet man sich zurück nach links in die Feshane Caddesi. Wieder stehen rechts und links der Straße Mausoleen und Gräber, darunter links die einzige Türbe eines osmanischen Sultans in Eyüp. Es handelt sich um Mehmed V. Reşad, der 1918 verstarb. Bei der Polizeistation geht es links in die Eyüp İskele Caddesi und an einer kleinen Moschee vorbei. Sie ist eine Stiftung eines Haci Mahmud Aga von 1577, heißt aber nur **İskele Camii** (Moschee der Anlegestelle) oder **Kaptan Paşa Mescidi**, weil ein Marineminister sie um das Jahr 1900 gründlich erneuern ließ. Bald hinter ihr kommt man bei der Bootsanlegestelle Eyüp Vapur İskelesi ans Wasser und an einen Platz mit kleiner Grünanlage. Dies ist eine der letzten Gegenden, in der diese alte Istanbuler Wohnarchitektur noch erhalten ist.

Eyüp Vapur İskelesi ▶
Zal Mahmud Paşa Camii

Der Weg kehrt um und verläuft bei der Weggabelung links, dann biegt er bei der Defterdar Caddesi wieder nach links ab. An der Ecke zur Kizil Değirmen Sokak liegt die Türbe einer weiteren berühmten Osmanin, der **Dichterin** (»şair«) **Fitnat**, die aus einer der führenden Gelehrtenfamilien des 18. Jh. stammte. Man folgt weiter der Defterdar Caddesi und betritt bei der Nummer 30 den unteren Hof eines interessanten Komplexes (Zal Mahmud Paşa Camii), der im Jahr 1578 von **Sinan** für den **Wesir Zal Mahmud** erbaut wurde. Wieder ist es dem Architekten gelungen, aus der Schwierigkeit des unebenen Geländes eine ästhetisch befriedigende Lösung abzuleiten: Zwei Medresen mit L-förmigem Grundriss, die zum Komplex gehören, sind halb übereinandergebaut. Die asymmetrische Position der größeren Unterrichtsräume bringt optisch Bewegung in die Anlage.

Zal Mahmud Paşa Camii ▶
Eyüp Meydanı

Man tritt aus dem oberen Hof und geht nach rechts die Zal Paşa Caddesi wieder Richtung Hauptplatz. An der linken Straßenseite stehen jetzt moderne Wohnhäuser, rechts verfallene historische Holzhäuser und Gräber. Gerade vor dem Hauptplatz kommt man an die **Saçlı Abdülkadir Efendi Mescidi** aus dem 16. Jh. Auf dem kleinen Friedhof neben ihr liegt unter anderem der osmanische Historiker Hoca Sa'd üd-Din.

Zurück auf dem Hauptplatz geht es gleich rechts weiter. An der nächsten Ecke liegt in einem kleinen, unauffälligen Grab der bedeutende Rechtsgelehrte und oberste Rechtsgutachter des Reichs **Şeyh ül-İslâm Ebu's-Suud Efendi**. Erst seine Gutachtertätigkeit hat die Regierung Süleymans des Prächtigen zu der eines »Gesetzgebers« gemacht, als der dieser Herrscher noch heute bei den Türken bekannt ist.

In einer achteckigen Türbe mit schönem Steinwerk an den Fenstern liegt der **Großwesir Sokollu Mehmed Paşa** neben einer Medrese begraben, die heute als Gesundheitsstation dient. Es ist bemerkenswert, dass er nicht neben seiner Moschee, wie sonst üblich, sondern hier bestattet ist. Beide Bauten sind wiederum Entwürfe Sinans.

Eyüp Meydanı ▶ Camii Kebir Caddesi

An dieser Stelle beginnt die **Camii Kebir Caddesi**. An einem Ort wie Eyüp blüht natürlich der Devotiona-

Eyüp (▶ S. 72) mit seiner bedeutenden Moschee zählt zu den islamisch geprägten Stadtteilen. Viele Istanbuler strömen zum Freitagsgebet hierher.

lienhandel und – weil traditionell Pilgerfahrt und Familienausflug zusammengehören – auch der mit Spielzeug. Berühmt sind die tönernen Pfeifen, die, mit etwas Wasser gefüllt, ganz hübsche Töne von sich geben – ein nettes Mitbringsel, vor allem für Kinder.

Wer will, kann noch weiterbummeln. Wenn man hinter der Moschee Richtung Norden weitergeht, kommt man auf einen bis heute benutzten Friedhof. Berühmtheiten wie der Komponist Zekâi Dede oder Fevzi Çakmak, ein Marschall des Befreiungskrieges, sind hier bestattet.

Ein gut ausgeschilderter Weg, aber auch eine Seilbahn, führt durch diesen Friedhof zu einem berühmten Aussichtspunkt. Da, wo heute das **Café Pierre Loti** steht, soll dieser spätromantische Schriftsteller den Blick über Istanbul genossen haben.

INFORMATIONEN

Mausoleen

Die Moscheen sind Di–So von 9.30 bis 16.30 Uhr geöffnet.

Szeneviertel Galata – Bunt, kosmopolitisch und von Künstlern neu entdeckt

CHARAKTERISTIK: Der Bummel führt durch ein seit Jahrhunderten multikulturell geprägtes Handelsviertel **DAUER:** 2 Std. bis halber Tag **LÄNGE:** ca. 4 km
 EINKEHRTIPP: Galata Evi, Galatakulesi Sk. 61, Tel. 02 12/2 45 18 61, Di–So €€
KARTE ▶ S. 77, S. 113, F 7–F 8

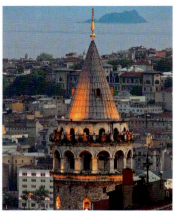

Der Galataturm (▶ S. 50) bietet einen prächtigen Blick über die Stadt.

Wenn Eyüp das frömmste Viertel Istanbuls ist (gewisse Teile Fatihs machen ihm in den letzten Jahren in dieser Hinsicht allerdings Konkurrenz), dann ist Galata das kosmopolitischste. Allerdings hat Galata schon bessere Tage gesehen.
Begonnen hat alles mit dem Vierten Kreuzzug. Nach der Eroberung der Stadt durch die Kreuzritter 1204 wurden die genuesischen Kaufleute vertrieben: Die Sieger waren von ihren Konkurrenten, den Venezianern, finanziert worden. Nach der Rebyzantinisierung der Stadt durch die Palaiologen 1261 schlug dann natürlich wieder die Stunde der Genueser, die ungewöhnliche Handelsprivilegien erhielten, darunter auch das Recht, eine eigene Siedlung gegenüber der eigentlichen Stadt am Goldenen Horn zu gründen. Dies eben ist Galata, das dann Mitte des 14. Jh. von einer Befestigungsmauer umgeben wurde, dessen wichtigster Teil, der **Galataturm** 4, bis heute erhalten ist.
Nach der osmanischen Eroberung der Stadt 1453 war es mit der Autonomie der Genueser vorbei. Aber die Kaufleute blieben; ohne ihre Verbindung zur Heimat aufgeben zu müssen, erhielten sie einen Status als osmanische Händler und durften ihre Gemeindeangelegenheiten selbst regeln. Zu den katholischen Kaufleuten aus Florenz kamen auch Griechen, Armenier, Juden und natürlich Türken, dazu arabische Flüchtlinge aus Spanien und die europäischen Gesandten mit ihrem Gefolge. In dieser Zeit begann man, Gartenvillen im Norden Galatas anzulegen: Dies war der Beginn einer Entwicklung, die während des 19. Jh. das eigentliche Zentrum der Stadt an die **Grand rue de Péra** (İstiklâl Caddesi) rücken ließ. Im 19. Jh. war Galata mit seinen Banken, Handelshäusern und dem unter ausländischer Kontrolle stehenden Hafen das kommerzielle Herz der Stadt. Damals entstanden auch jene großartigen Wohnblöcke, die heute oft so erbärmlich verfallen.

Das 20. Jh. hat Galata böse mitgespielt. Die auf großzügigeren Grundstücken neu angelegten Viertel Nişantaşi, Osmanbey und Şişli liefen Galata den Rang ab, das zu einem minder attraktiven Hafen- und Handelsviertel herabkam. Die Minderheiten, die bis in die 1920er-Jahre hier in der Mehrheit gewesen waren, wanderten zum großen Teil ab und kehrten höchstens an ihren Feiertagen in ihre Gotteshäuser zurück. Wenig urbane Zuwanderer vom Lande nahmen ihren Platz ein. Erst neuerdings wird wieder etwas für das Viertel getan, die Denkmalspflege beginnt sich ernsthaft zu interessieren, und verschiedene Künstler ziehen wieder zu. Da Galata an einem stark abschüssigen Hang liegt (bis zum Anfang des 20. Jh. war die Einkaufsstraße Yüksekkaldırım deswegen nichts anderes als eine breite Treppe), tut man gut daran, den Spaziergang an einem hoch gelegenen Punkt zu beginnen.

Tünel ▶ Şahkulu-Moschee

Am besten startet man am Vorplatz des **Tünels**, der alten Untergrundbahn von 1874. Hier ist der Übergang von Beyoğlu nach Galata, hier beginnt die İstiklâl Caddesi mit den Geschäften und Konsulatsgebäuden, und hier endet das Wohn- und Geschäftsviertel Galata mit seinen engen Gassen.

Von hier geht es die Galip Dede Caddesi hinab. Im oberen Teil dieser Straße haben sich Musikalienhandlungen angesiedelt, nicht nur **Lale**, der wohl beste Plattenladen der Stadt, sondern auch Geschäfte, die Musikinstrumente im Angebot haben. Für diese Gruppe von Geschäften ist die Gegend außerordentlich gut gewählt, denn das wichtigste historische Gebäude der Straße ist das **Galata Mevlevihanesi**, dessen Eingang auf der linken Straßenseite liegt. Und die »Tanzenden Derwische« der »mevleviye« waren ja eine der Bevölkerungsgruppen, die für

die osmanische Musik am meisten getan haben.

Der Orden stellte eine literarisch gebildete, urbane und insofern tendenziell weltoffene Elite. Ihm gehörten einige der wichtigsten Literaten, Komponisten und Politiker der osmanischen Geschichte an. Als 1925 der Derwischorden verboten wurde, traf das die Mevleviye besonders hart, denn sie konnte im Untergrund kaum überleben, brauchte den halb offenen Diskurs.

Gut 50 m weiter liegt rechter Hand die **Şahkulu-Moschee**, deren grüne Bemalung sofort auffällt. Sie ist ein typisches Beispiel für einen Derwischkonvent, der durch Umbauten zu einer Viertelsmoschee geworden ist.

Şahkulu-Moschee ▸ Galataturm

Man biegt rechts in die Timarci Sokak ein. Hier stehen, anders als in der Galip Dede Caddesi mit ihren meist bescheidenen Wohnhäusern, sehr schöne **Stadthäuser des 19. Jh.** Eine Galerie bietet alte und neue Kalligrafie und Miniaturen an. Am Ende der kleinen Gasse geht es kurz nach rechts, dann dreimal links, und man gelangt auf die Küçük Hendek Sokak, die direkt zum Wahrzeichen Galatas, dem alten genuesischen **Galataturm**, führt. Die Fahrstuhlfahrt nach oben ist obligatorisch, denn der Galataturm bietet den besten Blick über die Stadt, jedenfalls solange der Feuerturm auf dem Universitätsgelände unzugänglich bleibt. Für den Platz um den Turm wurden Reste der genuesischen Befestigungen freigelegt und zur Gestaltung eines Platzes verwendet. Unbedingt sehenswert ist auch der großartige Brunnen mit seinem reichen Dekor, den man hier aufgestellt hat. Ursprünglich stand dieses **Bereketzade Çeşmesi** einige Straßen weiter. Trotz der nicht unbedingt gelungenen Restaurierung ist dieser Brunnen ein Meisterwerk der eleganten Tulpenzeit. Wunderhübsch ist auch das ganz einfache **Café Gündoğdu**, in dem man sommers unter rankendem Wein, winters in einer sehr originalen Teestube heiße oder kalte Getränke erhält. Nur wer ausgesprochenen Wert auf den Ausblick legt, sollte seine Rast in den teuren und arg touristischen Lokalen im Turm nehmen.

Galataturm ▸ Doğan Apartmanları

Bevor man weiter nach unten bummelt, sollte man noch einen Abstecher in die Serdar-i Ekrem Sokak machen. Zwischen traurig heruntergekommenen und zum Teil für Kleinindustrie missbrauchten Wohnhäusern vom Anfang des 20. Jh. stehen hier die **Doğan Apartmanları**. Sie sind ein früher und schöner Wohnbau auf einem Grundstück, auf dem 1865 bis 1870 die preußische Gesandtschaft residierte. Der heutige Bau stammt aus dem Jahr 1892, eine sechsstöckige Anlage, die einen hübschen Innenhof u-förmig umgreift und einen herrlichen Blick über die Istanbuler Meere bietet.

Doğan Apartmanları ▸
St-Pierre-et-Paul

Zurück Richtung Turm und hinunter die Galata Kulesi Sokak! Dann die erste Straße links und gleich wieder rechts in die Bereketzade Medresesi Sokak, so steht man zwischen europäischen Gebäuden, links dem österreichischen **St.-Georgs-Krankenhaus**, rechts dem exzentrischen Bau des **Englischen Krankenhauses**. Die gebogene Fassade und das burgähnliche Aussehen machen es zu einem der merkwürdigsten Gebäude der Gegend!

Am Ende dieser Gasse führt eine hübsche Jugendstiltreppe auf die verkehrsreiche Voyvoda Caddesi mit ihren Banken und Versicherungen. Man biegt vor der Treppe rechts ab und geht am Rest des St.-Georgs-Komplexes (Schule und Kirche) vorbei und an der nächsten Ecke wieder in die Galata Kulesi Sokak, die mit ihren Oleanderbäumen, der geputzten Fassade der Okçu-Musa-Schule und der weiß gestrichenen Kirche **St-Pierre-et-Paul** gar nicht nach Galata passt. Nach draußen öffnet sich keine Fassade, aber der Innenhof ist einen Blick wert. Das Innere der Kirche, nur zu Messen (werktags 7 Uhr, sonntags 11 Uhr) und seltenen Konzerten geöffnet, ist ein hübsches Werk des Schweizer Architekten Fossati, der auch die Hagia Sophia restaurierte. Die früheste Erwähnung der Kirche stammt aber aus dem Jahr 1414.

St-Pierre-et-Paul ▶ Arap Camii

Es geht wieder zurück nach unten. Bevor man nun aber tatsächlich die Voyvoda Caddesi erreicht, lohnt sich ein Blick auf den **Sen Piyer Hanı**, ein Handels- und Werkstattgebäude aus dem 18. Jh. Es steht rechter Hand in der **Eski Bankalar Sokak**, und an seiner Fassade sieht man das Lilienwappen der französischen Könige und ein weiteres, das dessen Botschafter **St. Priest** gehörte. Dieser hat das Gebäude 1771 als Handelshof für die französischen Levantekaufleute errichten lassen. Eine Gedenktafel besagt außerdem, dass an diesem Ort 1762 **André Chénier** geboren ist. Damit hat die Ironie der Geschichte zwei politische Gegner vereint. St. Priest war eingefleischter Monarchist, Chénier, der als Sohn eines französischen Kaufmanns und einer griechischen Mutter hier zur Welt kam, ein revolutionärer Dich-

Im Untergeschoss der Galatabrücke (▶ S. 80) haben sich zahlreiche Cafés, Bars und Restaurants niedergelassen, die auch gerne von Einheimischen besucht werden.

ter, der 1794 dem Terror Robespierres zum Opfer fallen sollte.

Man überquert die Voyvoda Caddesi und geht geradeaus weiter. Rechts biegt man in die Galata Mahkemesi Sokak ein. Nach einiger Zeit öffnet sich rechts der Eingang in einen Hof. Das Gebäude, das nun zu sehen und zu betreten ist, ist die **Arap Camii** (Arabermoschee), einst eine Kirche des 14. Jh., deren Minarett auch einer der schönsten Kirchtürme der Stadt ist. Heute beherbergt der Bau, was die Gläubigen der Stadt als das Grab eines Gefährten des Propheten Muhammad akzeptieren, der bei der ersten muslimischen Belagerung der Stadt im 7. Jh. zu Tode kam.

Arap Camii ▶ Türk Musevileri Müzesi

Man verlässt den Hof durch den anderen Ausgang und hält sich links, bis man auf die viel befahrene **Tersane Caddesi** gelangt. Man überquert diese und folgt ihr nach links bis zu einem Basargebäude. Mehmed der Eroberer soll Bauherr dieses Marktgebäudes gewesen sein. Es ist ein typisches Beispiel für frühe Bauten dieser Art, mit Ladenzeilen (zur Straße hin abgerissen) und einem Innenraum, dessen neun Kuppeln von vier Pfeilern getragen werden.

Man überquert die Tersane Caddesi bei der Ampel und geht auf der anderen Straßenseite am unteren Eingang des Tünel vorbei, dann links in die Perçemli Sokak. Hier ist in der früheren Zülfaris-(»Brautlocken«-) Synagoge ein **Museum des türkischen Judentums** (Türk Musevileri Müzesi) untergebracht, mit Exponaten zu Ritus, Folklore und Geschichte.

Türk Musevileri Müzesi ▶ Karaköy

Es geht zurück auf die Tersane Caddesi, dann nach links, in das Untergeschoss. Man folgt dem Schild »Perşembepazarı« und befindet sich jetzt am Ufer des Goldenen Horns. Wer will, bummelt über den Fischmarkt und durch den kleinen Park am Ufer. Noch verlockender ist ein Tee in einem der Restaurants unter der **Galatabrücke**. Schwer zu entscheiden, welche Seite die schönere Aussicht bietet. Unter der Brücke hindurch geht es auf die Rıhtım Caddesi mit ihren Dampferanlegestellen, Straßencafés und Straßenverkäufern – ein volkstümlicher Boulevard mit einigen schönen Ufergebäuden. Am Ende der Straße, am Taxistand, biegen wir links um die Ecke in die **Kemankeş Caddesi** und steigen gleich gegenüber rechts ein paar Stufen hinunter in die »Unterirdische Moschee« (Yeralti Cami).

Man gelangt in eine Halle mit niedriger Decke, voll gestellt mit dicken Pfeilern. Erst auf den zweiten Blick bemerkt man, dass dieser Keller als eine Moschee benutzt wird. Ursprünglich diente diese Halle als Keller des Kastells, an dem die Byzantiner ein Ende der Kette befestigt hatten, mit der sie das Goldene Horn gegen die osmanische Flotte sperrten. Dass ausgerechnet dieser eigentlich so ungeeignete Raum zur Moschee wurde, hat mit den Gräbern legendärer arabischer Glaubenskämpfer zu tun, die hier aufgefunden wurden und dem so wenig muslimischen Galata islamischen Glanz verliehen. Der Spaziergang ist vom Verkehrsknotenpunkt **Karaköy** leicht in verschiedene Richtungen fortzusetzen.

INFORMATIONEN

Museum des türkischen Judentums
Mo–Do 10–16, Fr, So 10–14 Uhr •
Eintritt 2 €

Von der Şehzade-Moschee zum Ägyptischen Basar – Das unbekannte Istanbul

CHARAKTERISTIK: Abseits der gewohnten Pfade führt Sie dieser Spaziergang von der Tulpenmoschee bis zum Ägyptischen Basar **DAUER:** mindestens ein halber Tag **LÄNGE:** ca. 10 km **EINKEHRTIPP:** Darüzziyafe, Şifahane Cad. 6, Süleymaniye, Tel. 02 12/5 11 84 14, www.daruzziyafe.com.tr, tgl. geöffnet €€
KARTE ▶ S. 81, S. 118, A 18–C 17

Der Rundgang beginnt in den Gassen der Altstadt an der **Şehzade Camii**, die Sinan als sein erstes wichtiges Werk bezeichnete. Das Gebäude, das den Besucher mit einem wunderschönen Brunnen an der Ecke begrüßt, ist ein kleines Meisterwerk des 18. Jh., der sogenannten Tulpenzeit. Der Großwesir und Schwiegersohn Ahmeds III., Damad İbrahim, hat hier ein »Dar ül-Hadis«, eine Schule für das Studium der Überlieferungen von Muhammads Worten und Taten, einrichten lassen.

Von hier geht ein Abstecher zu einem der am gründlichsten erforschten byzantinischen Gebäude der Stadt. Man geht hinter dem Dar ül-Hadis

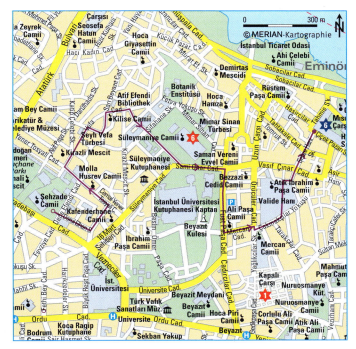

die Darülelhan Sokak entlang und biegt an deren Ende nach links. Hinter einem Studentenwohnheim und einer Dolmuş-Station unter dem Ende des **Valens-Aquädukts** ist eine nur zu Gebetszeiten geöffnete Moschee zu sehen, die **Kalenderhane Camii**. Nachdem eine Ikone hierher gebracht worden war, wurde die ehemalige Kirche 843 der Gottesmutter gewidmet.

Bei Ausgrabungen fand man nicht nur das **älteste byzantinische Mosaik** der Stadt, das noch aus der Zeit von vor dem Bilderstreit stammte, und ein Marienbildnis, sondern die ältesten Fresken überhaupt, die das Leben des heiligen Franziskus zum Thema hatten (um 1250, eine Generation nach dem Tode des Heiligen). Während der Lateinerzeit nach dem Vierten Kreuzzug war die Kirche zwischenzeitlich Franziskuskloster. All diese Bildnisse sind inzwischen ins Archäologische Museum gebracht worden.

Kalenderhane Camii ▶
Mausoleum Şeyh Vefas

Es geht unter dem Valens-Aquädukt hindurch und die Kovacılar (Cemal Yener Tosyalı) Caddesi nach links. Gleich an der Ecke steht ein osmanisches Schulhaus. In dem unteren Stockwerk lebte der Lehrer, oben wurde unterrichtet. Man geht diese Straße entlang, vorbei an der Medrese Ekmekçizade Ahmed Paşas aus dem 17. Jh., und biegt nach rechts in die Vefa Caddesi ein. Nach einigen Schritten sieht man auf der linken Straßenseite ein Geschäft, das der Stammsitz des stadtbekannten **Vefa Bozacısı** ist. Bei »boza« handelt es sich um ein nur im Winter übliches, dickflüssiges Getränk aus fermentierter Hirse. Im Sommer verkauft der Laden »şira«, ein Getränk, das aus Rosinen gewonnen wird.

Der Valens-Aquädukt (▶ S. 48), dessen türkischer Name so viel bedeutet wie »Bogen des Grauen Falken«, ist Teil einer noch von den Osmanen genutzten Wasserleitung.

Mausoleum Şeyh Vefas ▶
Süleymaniye Camii

Etwas weitergehend, gelangt man zum **Mausoleum Şeyh Vefas**, der dem Viertel seinen Namen gab. Dieser Gelehrte und Mystiker aus Konya siedelte sich bald nach der Eroberung in Istanbul an, wo seine Wohltaten ihm eine bis heute anhaltende, durch Legenden verklärte Verehrung verschafften. Die Türbe des 1491 verstorbenen Mannes steht in der Nähe seiner Stiftung, die aber durch Abrisse und Umbauten entstellt ist. Vor dem Mausoleum kehrt man um und betritt die Molla Şemsettin Camii Sokak, die zu einer wunderschönen, bald nach der Eroberung in die Moschee Şems üd-Din Güranîs umgewandelten Kirche führt, der **Kilise Camii**. Der Bau stammt aus dem 10. Jh., und in der vier Jahrhunderte später eingebauten Vorhalle sind sogar Mosaikreste zu sehen.

Bei der Moschee biegt man nach links und gelangt wieder auf die Vefa Caddesi. Man blickt auf die hübsche **Bibliothek Atıf Efendis**. Diese Stiftung von 1741 versieht immer noch ihren Dienst als Bibliothek und besitzt eine wichtige Handschriftensammlung. Man folgt der Vefa Caddesi einige Meter, biegt rechts in die Yüksekoluk Caddesi und trifft auf den monumentalen Gebäudekomplex der **Süleymaniye** 6. Für ein einfaches, gutes Mittagessen ist die **Kanaat Lokantası** (€) an der Ecke des Komplexes zur Bibliothek hin zu empfehlen.

Süleymaniye Camii ▶
Rüstem Paşa Camii

Der Mauer zur **Universität** folgt man bergab und gelangt in das Basarviertel unterhalb des Großen Basars. Man folgt nun der Mauer nach oben und biegt bei einer mit großen roten und grünen Fenstern ausgestatteten **Moschee** nach links. Diese Moschee ist eine Stiftung des Reformpolitikers Âli Paşa (1815–1871), der als Großwesir und Minister lange die osmanische Politik prägte.

> **WUSSTEN SIE, DASS ...**
>
> ... es in Istanbul vierzig Universitäten gibt, davon nur sieben staatliche?

Gegenüber der vierten Nebenstraße rechts öffnet sich nach links der Zugang zu dem größten »han« der Stadt, dem Valide Hanı, bis heute ein Gebäude voller Werkstätten und Geschäfte. Ein Bummel hier kann etwas anstrengend sein, man muss damit rechnen, angesprochen und neugierig befragt zu werden. Der »han« stammt aus dem Jahr 1651, der mittlere der drei Höfe ist 55 m lang. Wenn man in den letzten nördlichsten Hof hinabgestiegen ist, sieht man, dass in der Ecke, in den Bau integriert, ein Gebäude aus anderem Baumaterial steht. Dabei handelt es sich um den 25 m hohen byzantinischen Irenenturm. Wenn man den »han« durch diesen letzten Hof verlässt und die Treppen nach rechts steigt, trifft man auf die Sabuncuhanı Sokak. Hier werden Spielzeuge, je weiter man nach unten kommt auch Küchengeräte, angeboten – ein untrügliches Zeichen, dass man sich dem **Ägyptischen Basar** nähert.

Den Spaziergang kann man entspannt mit einer Besichtigung der **Rüstem Paşa Camii**, einem Bummel durch den **Ägyptischen Basar** und einem Tee bei seinem Blumenmarkt ausklingen lassen.

AUSFLÜGE IN DIE UMGEBUNG

Fahrt auf dem Bosporus 🔟 👫

CHARAKTERISTIK: Die Erlebnisfahrt führt am Ufer entlang bis ans Schwarze Meer **DAUER:** Tagesausflug **LÄNGE:** ca. 31 km **ANFAHRT:** Touren werden von allen möglichen Veranstaltern angeboten. Am billigsten sind die Stadtdampfer. Die fahrplanmäßigen Verbindungen für 0,50 € gehen jedoch in die »falsche« Richtung: morgens vom Bosporus in die Stadt, abends zurück. Die städtischen Dampfer der Özel tur, die für touristische Zwecke am Eminönü ablegen und über Beşiktaş/Barbaros Hayreddin Paşa, Kanlıca, Yeniköy, Sarıyer und Rumeli Kavağı nach Anadolu Kavağı und zurück fahren, kosten insgesamt das Doppelte bis Dreifache. Dafür kann man die Fahrt unterbrechen und mit dem nächsten Schiff weiterfahren (wochentags drei, sonn- und feiertags fünf Fahrten in der Sommersaison) **EINKEHRTIPP:** Kandilli Sahil ve Rıhtım Balıkçısı, Kandilli İskele Cad. 17, Tel. 02 16/3 08 45 12 €€ **KARTE ▶ S. 85**

Der zwischen 700 und 3500 m breite Meeresarm, der Asien und Europa trennt, aber Marmara- und Schwarzes Meer verbindet, trug geografisch viel zum Aufstieg Istanbuls zur Metropole bei. In früheren Jahrhunderten siedelten erst Fischer an seinen Ufern, dann kamen zu osmanischer Zeit Sommerpaläste und Ufervillen (»yalı«) dazu, Gotteshäuser und sorgsam angelegte Gartenlandschaften.

Erst in den letzten 30 Jahren zerstörten Bodenspekulation und Besiedlung systematisch die Landschaft; das Wasser wird verschmutzt, Grünflächen werden zubetoniert. Zum größeren Teil ist der Bosporus heute Stadtgebiet, und die Türkische Republik zeigt sich unfähig, dieser Zerstörung Einhalt zu gebieten. Trotzdem: Es ist noch nicht gelungen, die Schönheiten des Bosporus gänzlich zu beseitigen; es bleibt noch genug. Deswegen gehört eine Bosporusfahrt zu Recht zu jeder Istanbul-Reise. Von Süden nach Norden sieht man vom Schiff aus die folgenden Örtlichkeiten (E steht für »europäisches«, A für »asiatisches Ufer«):

Dolmabahçe (E) Der Palast hat seine Hauptfassade zum Meer; ein schöner Einschnitt in der Uferbebauung.

Beşiktaş (E) Hinter hübscher Anlegestelle, dem Marinemuseum und dem Mausoleum des Großadmirals Barbaros Hayrüd-Din Paşa (1466–1546) liegt dieser prosperierende und sehenswerte Stadtteil.

Kuzguncuk (A) In seinem Innern noch gemütlicher Stadtteil mit griechischer Kirche, Synagoge und kleiner Moschee.

Çırağan Sarayı (E) Der 1864 erbaute Palast Sultan Abd ül-Mecids brannte 1910 völlig aus und wurde als Repräsentationsbau des Hotels Kempinski hergerichtet.

Yıldız (E) Oberhalb des Çırağan-Palasts liegen Park und Palast Sultan Abd ül-Hamids II. (1876–1909).

Ortaköy (E) Künstlervorort mit sehr hübschem Platz, an dem eine liebliche neobarocke Moschee steht. Sonntags ist in den Nebenstraßen ein Markt, auf dem Kunsthandwerk verkauft wird.

Boğaziçi Köprüsü (E) Die 1973 eröffnete Brücke wirkt aus der Ferne

elegant, aber eher bedrohlich, wenn man ihren breiten Schatten kreuzt.
Beylerbeyi (A) Viertel mit einer Sommerpalastanlage des osmanischen Neobarocks (1865) sowie einer am Ufer stehenden Moschee aus dem 18. Jh. (Palast tgl. außer Mo und Do 9.30–16 Uhr, Führung obligatorisch).

Büyük Çamlıca (A) Abgeholzter, von Fernsehtürmen gekrönter Hügel mit Aussichtslokal.
Kuruçeşme (E) Fast vollständig zubetonierte Siedlung mit einer auf Stelzen errichteten Uferstraße.
Çengelköy (A) Hübsche Siedlung, die mit gepflegten Ufervillen auf-

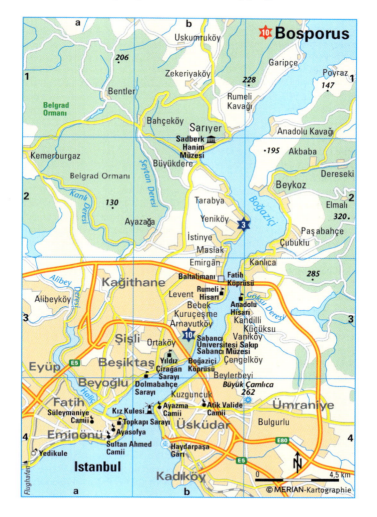

wartet. Gleich dahinter befindet sich das Militärgymnasium von **Kuleli**.
Arnavutköy (E) Diese nette Ufersiedlung ist durch die Uferstraße auf Stelzen ziemlich verdorben worden, und die Villen werden inzwischen mehr und mehr durch moderne Mehrfamilienhäuser ersetzt. In den rückwärtigen Straßen hat sich allerdings viel alte Bausubstanz erhalten.

> **WUSSTEN SIE, DASS …**
>
> … der Bosporus zwei Strömungen hat: Die obere führt ins Marmarameer, die untere hingegen ins Schwarze Meer?

Bebek (E) Am Hang liegt die Bosporus-Universität, an der auf Englisch unterrichtet wird. Das reiche Viertel darunter hat deshalb eine manchmal fast amerikanische Atmosphäre. Es existiert ein schöner Uferpark mit wenig reizvollem Denkmal des Dichters Fuzulî; und auf halber Höhe des Hangs ist das Haus des Dichters Tevfik Fikret (1867–1915) zu besichtigen (**Aşiyan Müzesi**).
Küçüksu (A) Die einst berühmten »süßen Wasser Asiens« fließen heute träge durch eine ungepflegte Picknickwiese, aber das prächtige Lustschloss von 1857 (tgl. außer Mo und Do 9–16.30 Uhr) und der schöne Brunnen stehen noch.
Anadolu Hisarı (A) Fast schon anmutig aussehende Burg, die 1390 von Bayezid I. errichtet wurde, um an seiner engsten Stelle den Bosporus zu sperren.
Rumeli Hisarı (E) Die ungleich stärker beeindruckende Burg Mehmeds II. wurde 1452 erbaut, um die Eroberung Konstantinopels vorzubereiten. In der Umgebung finden sich nette Teegärten und einige empfehlenswerte Restaurants.
Fatih Köprüsü Die »Brücke des Eroberers« verläuft fast direkt über Rumeli Hisarı. Sie hat das Verkehrsproblem am Bosporus nicht lösen können, eine dritte ist im Gespräch.
Baltalimanı (E) Die große Ufervilla ließ der Reformpolitiker Mustafa Reşid Paşa Mitte des 19. Jh. errichten, um seinem Sohn, der eine Tochter des Sultans heiratete, eine standesgemäße Bleibe zu schenken. Später wurde der heute rosa getünchte Haremsflügel angefügt, in dem jetzt ein Krankenhaus untergebracht ist.
Kanlıca (A) Einst wegen seines Joghurts berühmter Ort mit nettem Platz an der Anlegestelle.
Emirgân (E) Gemütliches Wohnviertel unterhalb eines weitläufigen Parks mit einigen historischen Sommerschlösschen.
Çubuklu (A) Ein Viertel, in dem trotz einiger neuer Siedlungen noch alte Holzhäuser dominieren. In einem großen Park die Sommerresidenz der Vizekönige von Ägypten.
İstinye und Yeniköy (E) Vornehme Vorortviertel, in denen sich einige schöne Ufervillen (»yalı«) erhalten haben. Der Hafen in der tiefen Bucht İstinyes macht einen langsamen Wandel vom Industrie- zum Fischerhafen durch.
Paşabahçe (A) Berühmt ist der Ort wegen seiner Glasfabrik, der er seinen Namen gab.
Tarabya (E) Das ehemals vor allem griechisch besiedelte Therapeia ist eines der frühesten Opfer der Modernisierung des Bosporus. Der luxuriöse Hotelklotz, den man in den 1960er-Jahren direkt ans Wasser gestellt hat, ist von diesem inzwischen durch eine Straße getrennt. Sehr

beeindruckend der **Huber Köşkü**, heute ein Gästehaus der türkischen Republik und die Sommerresidenz der deutschen Botschaft.

Beykoz (A) Zentrum des nördlichen Teils der asiatischen Bosporusküste. Auf dem Hauptplatz ein schöner Brunnen aus dem 18. Jh.

Büyükdere (E) Die große Bucht von Büyükdere mit einem kleinen Militärhafen und etwas Landwirtschaft würde wohl bis heute malerisch wirken, wenn nicht auch hier eine auf Stelzen gestellte Uferstraße die *yali* vom Wasser getrennt, den Fischerhafen verödet und die griechischen Restaurantbesitzer zum Abwandern gebracht hätte. Der Ferienort ist heute dicht besiedelt. Darüber hinaus befindet sich in einer Bosporusvilla in Büyükdere mit dem **Sadberk Hanım Müzesi** das erste türkische Privatmuseum.

Hünkâr İskelesi (A) Die »Anlegestelle des Herrschers«, an der 1833 ein Vertrag abgeschlossen wurde, der das Osmanische Reich beinahe unter russischen Einfluss gebracht hätte. Heute steht an diesem Ort noch ein Palast, den sich Sultan Abd ül-Mecid (1839–1861) bauen ließ.

Sarıyer (E) Kleinstadt mit Fischerhafen und Markt.

Rumeli Kavağı (E) Dieses Fischerdorf liegt an einer alten Landmarke. Es gibt gute Fischrestaurants. Gegenüber **Anadolu Kavağı (A)**, die Endstation des Stadtdampfers. Auf dem Berg oberhalb des Orts befindet sich die Burg **Yoros Kalesi**.

Moscheenstadt Edirne

CHARAKTERISTIK: Edirne bietet dem Besucher großartige osmanische Architektur **ANFAHRT UND DAUER:** Edirne liegt ungefähr 230 km von Istanbul entfernt; mit dem Bus dauert die Fahrt 3–4 Std., mit der Bahn deutlich länger, deswegen eignet sich Edirne nicht als Tagesausflug, eine Übernachtung ist einzuplanen **EINKEHRTIPP:** Çınar Restaurant, Karaağaç, Bülbül Adası 13, Edirne, Tel. 02 84/ 2 14 32 36, www.cinarrestorant.com €€ **UNTERKUNFT:** Rüstem Paşa Kervansaray Oteli, İki Kapili Han Cad., Edirne, Tel. 02 84/2 12 61 19, www.edirnekervansaray hotel.com, 75 Zimmer €€€ **AUSKUNFT:** Tourist Information, Talatpaşa Cad. 76/A, Edirne **KARTE ▶ S. 89**

Edirne – an der bulgarischen Grenze – bietet ausgezeichnete osmanische Architektur, darunter die Selimiye, die der große Sinan als sein Meisterwerk bezeichnete. Darüber hinaus herrscht hier osmanische Stadtatmosphäre, und die Landschaft an den Flüssen **Tunca** und **Meriç** reizt zum Spazierengehen. Nach Süden Richtung Karaağaç liegen an der **Meriç** nette Ausflugslokale; und die 263 m lange **Yeni Köprü** (»Neue Brücke«), die zu ihnen führt, ist die schönste der vielen Brücken der Stadt. Der Name der Stadt geht auf den römischen Kaiser Hadrian zurück, der an dieser Stelle einer Siedlung Stadtrecht und seinen Namen gab. Aus Hadrianopolis wurde später Adrianopel, daraus dann Edirne. Zu der Vergangenheit des Ortes gehört die Schlacht von 378, in der die Goten die Truppen Kaiser Valens' besiegten, worauf ihrem Zug durch das Römische Reich nichts mehr im Wege stand. Für die Byzantiner war Edirne Festung gegen

Die Selimiye Camii (▶ S. 88) gilt vielen als die schönste Moschee der Türkei.

die türkischstämmigen Bulgaren und Petschenegen. 1361 eroberten die Osmanen die Stadt und machten sie zu ihrer Hauptstadt. Auch nachdem diese Funktion 1453 auf Istanbul übergegangen war, blieb Edirne Jagdresidenz und Sommeraufenthalt für so manchen Sultan.

Vom 19. Jh. an war Edirne abermals Vorposten. 1828 und 1878 besetzten es die Russen jeweils für kurze Zeit. Die Balkankriege und der sich anschließende Erste Weltkrieg trafen die Stadt viel schlimmer. 1912 wurde Edirne bulgarisch, 1913 osmanisch, 1920 griechisch, 1922 türkisch. Beim Abzug der griechischen Bevölkerung lebten hier noch 35 000 Einwohner – 1885 waren es noch über 200 000 gewesen. Nach dem Zweiten Weltkrieg verließ die große jüdische Gemeinde Edirne in Richtung Israel. Erst neuerdings wächst die Stadt durch Bevölkerungsexplosion und Zuwanderung vom Lande sowie durch Bulgarientürken wieder.

Hauptattraktion des Ortes ist die **Selimiye Camii** (▶ S. 89, c 2), vielleicht die schönste Moschee des ganzen Landes. Sinan errichtete sein Meisterwerk 1569 bis 1575 auf einer die Stadt beherrschenden Anhöhe für Selim II., den Thronfolger Süleymans des Prächtigen. Über dem von vier schlanken Minaretten flankierten Geviert der Moschee, zu der auch ein gedeckter Basar und zwei **Medresen** gehören, wölbt sich eine riesige Kuppel, deren Durchmesser mit 31,28 m dem der Kuppel der Hagia Sophia entspricht.

Eski Camii (▶ S. 89, b 3), die »Alte Moschee« unterhalb der **Selimiye Camii**, in weitem Umkreis das einzige Gotteshaus vom anatolischen Mehrkuppeltypus, hat zwei Bauherren, die nach der osmanischen Niederlage gegen Timur 1402 um den osmanischen Thron konkurrierten. Begonnen hat den Bau der später ermordete Emir Süleyman, beendet 1413 Mehmed I. Die neun Kuppeln werden von vier Säulen getragen, der Predigtstuhl (»Mimber«) ist kostbar gearbeitet, und schöne Kalligrafien zieren die Wände.

Der Name der **Üç Şerefeli Camii** (▶ S. 89, b 2), der »Moschee mit den drei Galerien«, bezieht sich auf die drei Umgänge, die eines der Minarette umkränzen und die auf verschiedenen Treppen zu erreichen sind. Diese gegenüber der Eski Camii stehende Moschee verkörpert den Übergang von der Mehrkuppel- zur Zentralkuppelbauweise. In den Jahren 1443 bis 1447 unter Murad II. errichtet, verfügt sie sowohl über eine mit 26 m Durchmesser monumentale Zentralkuppel als auch über eine Anzahl kleinerer Kuppeln, die neben ihr stehen, ohne sie zu stützen.

Murad II. erbaute noch eine weitere Moschee in der Stadt. Die **Muradiye** (▶ S. 89, c 2), auf einem Hügel mit Blick auf die Palastinsel Sarayiçi liegend, ist im Innenraum mit schönen frühosmanischen Fliesen geschmückt, die florale Muster in Blau und dem später unüblichen Gelb zeigen. Die Moschee, der ein Derwischkonvent angeschlossen war, unterstand bis zu seinem Verbot 1926 dem Derwischorden der *Mevleviye*.

Die von Bayezid II. 1484 bis 1488 am Tunca-Ufer nördlich der Stadt gegründete **Bayezid Külliyesi** (▶ S. 89, a 1) beeindruckt nicht so sehr wegen der kleinen Moschee mit einfacher Kuppel und Nebenräumen, die Derwischen als Unterkünfte dienten. Bedeutender ist die vollständig ummauerte »külliye«, der Bereich der Nebenbauten, der von der Umgebung ganz deutlich abgesetzt ist.

Die älteste Moschee der europäischen Türkei steht im Südwesten der Anlage Bayezids II. Sie wurde lange Bayezid I. (1389–1402) zugeschrieben, doch geht der kaum dekorierte und verwinkelte Bau auf seinen Vater Murad I. (1360–1389) zurück. Trotzdem lohnt die **Yıldırım Camii** schon ihres Alters wegen den Besuch.

Unter Murad II. wurde 1450 auf der Insel Sarayiçi der Bau des **Saray-ı Cedid** (»Neuer Palast« ▶ S. 89, c 1) in Angriff genommen. Die fertige Anlage war eine Ansammlung von Pavillons, ähnlich dem **Topkapı-Palast** in Istanbul. 1703 wurde der

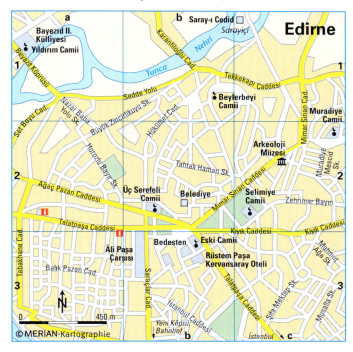

Gebäudekomplex vom osmanischen Hof verlassen, 1869 brannten sie ab. Erhalten ist lediglich das **Adalet Kasrı** (das »Gerechtigkeitsschlösschen«) aus der Zeit Süleymans. Auf der Insel findet Anfang Juli das traditionelle Ringerturnier **Kırkpınar Yağlı Güreşleri** statt. Die drei Tage dauernden Kämpfe, während denen in Edirne nur mit größter Mühe ein Quartier zu finden ist, locken Zehntausende von Zuschauern an. Um das sportliche Ereignis verbreitet sich Volksfest- und Picknickstimmung. Am 5. und 6. Mai, zum anatolisch-alevitischen Frühlingsbeginn Hıdrellez, reisen Roma aus ganz Thrakien nach Edirne, um das Fest Kakava zu begehen (Friedhöfe Acı Çeşme und Gogo).

In der prächtigen **Karawanserei**, die Rüstem Paşa, ein Großwesir und Schwiegersohn von Süleyman dem Prächtigen, gegenüber der Eski Camii erbauen ließ, kann man heute wieder übernachten, sie wurde zu einem komfortablen Hotel (**Rüstem Paşa Kervansaray Oteli**).

Ausflug zu den Prinzeninseln

CHARAKTERISTIK: Das Wochenendziel der Istanbuler bietet viel Natur, keine Autos, keinen Smog **DAUER:** Tagesausflug **ANFAHRT:** Am schnellsten mit den Deniz Otobüsleri von Bostancı, Kabataş, Kadıköy und Bakırköy (zum Teil nur im Sommer) zum Preis von 2,50–3,50 €, häufiger und erlebnisintensiver mit den städtischen Dampfern von Sirkeci, Bostancı oder Kabataş (Expressschiff Kabataş-Büyükada 40 Min.) für 1 € **UNTERKUNFT UND EINKEHRTIPP:** Splendid Oteli (ein Holzhaus in türkischem Jugendstil), Yalı Mah. 23 Nisan Cad. 71, Büyükada, Tel. 02 16/3 82 69 50–52, 70 Zimmer €€ **KARTE ▶ KLAPPE HINTEN, c/d 4**

Auch einige Inseln im Marmarameer gehören zum Stadtgebiet Istanbuls: **Büyükada** (Prinkipo), **Heybeliada** (Chalki), **Burgazadası** (Antigoni) und **Kınalıada** (Proti) sowie **Yassıada**, das allerdings nach wie vor als Militärgefängnis nur für unfreiwillige Besuche infrage kommt. Damit steht diese Insel in einer alten Tradition, die von eingekerkerten byzantinischen Thronprätendenten, den »Prinzen« der »Prinzeninseln«, bis zu der Führung der Demokratischen Partei reicht, die hier 1960 nach dem Militärputsch abgeurteilt und zum Teil hingerichtet wurde.

Die Inseln sind bewaldet, Autos verboten, der Verkehr wird mit Kutschen und Fahrrädern bewältigt. Vermeiden Sie aber im Sommer einen Besuch am Sonntag; die Inseln sind dann sehr überlaufen. Die Istanbuler teilen sich im Allgemeinen in solche, die **Heybeliada** und solche, die **Büyükada** für die attraktivere Insel halten. Erstere hat vielleicht etwas schönere Holzhäuser zu bieten, Letztere, die größte der Prinzeninseln, die ausgedehntesten Wälder und einige Klöster: das **Christus-Kloster** auf dem höchsten Berg der Insel und das **Georgskloster**. Und dann sind da noch die Anhänger der kleinen **Burgazadası**, die im Restaurant **Kalpazankaya** (€€) sitzen, nach Süden über das Meer schauen, wo man Istanbul nicht mehr sieht, so dass man die Stadt wirklich hinter sich lässt.

Yalova-Termal und Bursa

CHARAKTERISTIK: Ein Abstecher von Istanbul aus zu den Thermalbädern von Yalova und weiter nach Bursa verbindet Sightseeing und Kulturerleben mit Rheumakur **DAUER:** Ein oder mehrere Tage **LÄNGE:** 38 km **ANFAHRT:** Deniz Otobüsleri ab Kartal, Bostancı und Yenikapı (zum Teil nur Juni–Okt., ab Yenikapı rund 70 Min.), danach eine gute Viertelstunde mit dem Taxi (etwa 5 €), Dolmuş oder Bus. Mit dem Auto auf der E5 bis Darıca, mit der Fähre (ganztägig alle 20 Min.) über den Golf von İzmit und über Yalova nach Termal, nach Bursa Deniz Otobüsü ab Yenikapı dann eine der zahlreichen Busverbindungen **UNTERKUNFT UND EINKEHRTIPP:** Yalova Termal Kaplıca Tesisleri, Termal-Yalova, Tel. 02 26/6 75 74 00, www.yalovatermal.com, 101 Zimmer €€ **AUSKUNFT:** Cumhuriyet Mey., Yalova, Tel. 02 26/8 14 21 08 **KARTE ▶ KLAPPE HINTEN, e 4**

Die Istanbul-Reise mit einer kleinen Rheumakur verbinden? Auch das ist möglich, denn heiße Quellen, 11 km von Yalova entfernt, helfen gegen eine ganze Reihe von Beschwerden. Das Wasser ist 55–60 °C heiß, wenn es aus der Erde tritt; und schon Römer, Byzantiner und Osmanen unterhielten hier Bäder. Atatürk schließlich verbrachte gegen Ende seines Lebens größere Teile des Jahres in dem Tal.

Yalova-Termal ist ein Ausflugsziel für Istanbuler, die den würzigen Duft des Nadelwaldes und natürlich den warmen Badespaß genießen wollen, dazu vielleicht ein wenig spazieren gehen und Forellen essen möchten. Während der Sommermonate ist es in Termal kühler als in Istanbul, im Winter milder und vor allem smogfrei. Außer dem **Turban-Hotel** gibt es einfachere Unterkünfte und auch Ferienwohnungen in den Dörfern Gökçedere und Üveyzpınar, in denen man natürlich auch etwas zu essen bekommt. Ein einst von Atatürk benutztes Sommerschloss ist täglich außer Mo und Do von 9.30 bis 16 Uhr zu besichtigen.

Yalova eignet sich, vor allem wenn man ein Auto zur Verfügung hat, hervorragend für Ausflüge. 18 km sind es von Termal bis **Çınarcık**, einem Badeort am Südufer des Marmarameeres (Dampfer nach Istanbul). Etwa 80 km von Yalova entfernt liegt Bursa, die alte Hauptstadt der Osmanen, 75 km sind es bis **İznik**.

In Bursa lebt die Tradition des türkischen Bades noch; die Stadt bietet außerdem eine Fülle frühosmanischer Architektur. Am schönsten sind wohl die »Grüne Moschee« (**Yeşil Cami**) mit einem fliesengeschmückten Mausoleum, die **Große Moschee** mit dem Basarviertel und die **Muradiye-Moschee** mit einem Garten voller Sultansmausoleen. Im Nationalpark Uludağ kann man wandern und im Winter Ski fahren, der bithynische Olymp (2543 m) ist von der Stadt in einem halben Tag zu ersteigen, es gibt aber auch eine Seilbahn, die den Besucher bequem zum Gipfel bringt.

İznik, das antike Nicaea, liegt äußerst malerisch am Ostufer eines etwa 30 km langen Sees (İznik gölü). Die Kleinstadt ist bis heute von ihrer gut erhaltenen römischen Mauer umgeben; in ihrer Mitte liegt die spätantike Konzilsbasilika, und im Museum sind herrliche osmanische Fliesen zu bewundern.

Tanzende Derwische (▶ S. 77) suchen in ihrem Gebetstanz die Nähe zu Gott. Heute sind sie in der Türkei vor allem touristische Attraktion.

Wissenswertes
über Istanbul

Nützliche Informationen für einen gelungenen Aufenthalt: Fakten über Land, Leute und Geschichte sowie Reisepraktisches von A bis Z.

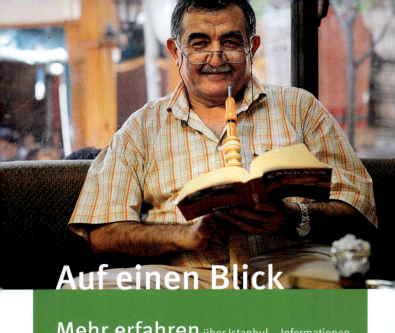

Auf einen Blick

Mehr erfahren über Istanbul – Informationen über Land und Leute, von Bevölkerung über Politik und Religion bis Wirtschaft.

AMTSSPRACHE: Türkisch
BEVÖLKERUNG: 85 % Türken, 15 % andere Ethnien (Kurden, Zaza, Araber, Albaner)
EINWOHNER: 14 Mio.
FLÄCHE: 1831 qkm
INTERNET: www.ibb.gov.tr
RELIGION: 98 % Muslime
VERWALTUNG: 39 Stadtteile
WÄHRUNG: Türkische Lira

Bevölkerung

Istanbul ist nach Fläche und Bevölkerungszahl gerechnet Europas größte Stadt, mit rund 14 Mio. Einwohnern – und jedes Jahr kommt eine weitere halbe Million Menschen dazu. Dabei ist Istanbul nach wie vor eine kosmopolitische Stadt, auch wenn die traditionellen Minderheiten der Griechen, Armenier und Juden nur noch jeweils wenige Tausend Einwohner stellen. Andererseits sind in den letzten Jahrzehnten viele aramäische Christen aus Südostanatolien in die Stadt gezogen, weil in ihren Heimatdörfern die Verhältnisse immer schwieriger geworden sind.

So repräsentiert Istanbul das Bevölkerungsmosaik der Türkischen Republik. Ein Dorf im anatolischen Bosporus-Hinterland wird seit anderthalb Jahrhunderten von polnisch sprechenden Katholiken bevölkert. Dazu kommen die Levantiner und bedeutende Gruppen von

◀ Istanbul gilt als westlichste und kosmopolitischste Stadt des Landes.

Ausländern, die aus Europa und Amerika, aber genauso aus den arabischen Ländern und dem Iran zugewandert sind.

Lage und Geografie

Istanbul liegt im Westen der Türkei und erstreckt sich sowohl auf der europäischen als auch der asiatischen Seite des Bosporus.

Politik

Istanbul ist formal gesehen eine Provinzhauptstadt der ausgesprochen zentralistisch strukturierten Türkischen Republik. Präsident, Parlament, Regierung, Verfassungsgericht und Generalstab residieren dagegen in der Hauptstadt Ankara. Trotzdem spielt Istanbul als bevölkerungsreichste Stadt sowie als Wirtschafts-, Bildungs- und Medienmetropole des Landes politisch eine entscheidende Rolle.

Das erste osmanische Parlament trat bereits im Jahr 1877 zusammen. Trotzdem verläuft die Geschichte der türkischen Demokratie (seit 1945 gibt es ein Mehrparteiensystem) bis heute krisenhaft. Dreimal, zuletzt 1980, intervenierte das Militär. Aber auch zu politisch »normalen« Zeiten funktioniert der Rechtsstaat über weite Strecken nicht, wie er eigentlich sollte.

Seit den 1980er-Jahren bemüht sich die Türkei verstärkt um eine Integration in die Weltgesellschaft und den Weltmarkt. Zur Westintegration (seit 1952 ist sie NATO-Mitglied, 1987 stellte sie den Antrag auf Mitgliedschaft in die EG, seit 1999 ist sie Beitrittskandidat der EU, mit der seit 2005 Beitrittsverhandlungen laufen) kommt seit 1989 eine enge Kooperation mit den Anrainerstaaten des Schwarzen Meeres und den Turkstaaten der einstigen Sowjetunion. Heute verlaufen die Auseinandersetzungen zwischen Befürwortern und Gegnern der neoliberalen Öffnung des Landes. Die meisten islamisch-konservativen Kräfte sind dafür, die um Privilegien fürchtenden Kemalisten dagegen.

Religion

Über 98 % der türkischen Bevölkerung sind Muslime. In Istanbul stellten einstmals griechisch-orthodoxe, jüdische und armenische Minderheiten wichtige Anteile der Bewohnerschaft, doch sind diese in den letzten Jahrzehnten durch Abwanderung stark geschrumpft. Trotzdem bleibt die Stadt ein konfessionelles Mosaik, nicht nur wegen der vielen Ausländer und zugewanderter kleiner Gruppen wie den syrischen Christen, sondern vor allem auch wegen muslimischer Minderheiten wie den synkretistischen Alewiten.

Wirtschaft

Istanbul ist nicht nur historische und kulturelle Metropole der Türkei, sondern auch das wirtschaftliche Zentrum. Dabei ist die türkische Wirtschaft auch nach dem Sieg über die chronische Inflation recht labil, wie der Einbruch nach dem Erdbeben von 1999 und die Krisen 2002 und 2009 gezeigt haben. Dazwischen liegen Zeiten erstaunlichen Wirtschaftwachstums. Istanbul ist Börsen- und Bankenplatz, hat aber auch herstellende Industrie: Textil-, Chemie-, Pharma- und Automobilindustrie.

Geschichte

um 660 v. Chr.
Siedler aus der griechischen Stadt Megara gründen Byzantion am Goldenen Horn. Die Kleinstadt bemüht sich, durch politisches Taktieren ihre Unabhängigkeit zu erhalten.

146 v. Chr.
Byzantion steht unter römischer Herrschaft.

193 n. Chr.
Kaiser Septimus Severus zerstört Byzantion, das einen Thronrivalen unterstützt hatte. Auch nach dem Wiederaufbau erholt sich die Stadt wirtschaftlich nicht.

330
Kaiser Konstantin wählt die nun Konstantinopel genannte Stadt zu seinem Regierungssitz. Als Nova Roma überflügelt sie die alte Hauptstadt bald.

381
Der Bischof von Konstantinopel wird als Patriarch anerkannt.

413
Nach der Reichsteilung 395 in ein Weströmisches und ein Oströmisches Reich wird Konstantinopel erweitert, die heute erhaltene Stadtmauer angelegt.

537
Die Hagia Sophia wird geweiht.

674–678
Erste arabische Blockade der Stadt, das eine orthodoxe und griechische Kaiserkultur ausbildende Byzanz wird immer wieder belagert.

Anfang des 8. Jh.
Bulgarische und arabische Angriffe auf die Stadt.

730–843
In der Zeit des Ikonoklasmus (Bilderstreits) werden viele Kunstschätze zerstört, Klöster zeitweilig geschlossen.

886–912
Kaiser Leon VI. regelt Verwaltung und Versorgung der Stadt neu.

1071
Sieg der Seldschuken bei Mantzikert und türkische Einwanderung nach Anatolien. Durch Niederlagen auf Sizilien und dem Balkan geht Byzanz' Weltmachtstellung verloren.

1081–1118
Kaiser Alexios I. Komnenos. Unter der Komnenen-Dynastie Neubau des Blachernen-Palastes und der Pantokrator-Kirche, Verlagerung des Stadtzentrums nach Nordwesten.

1182
Aufstand gegen den wirtschaftlichen Einfluss der 60 000 nicht byzantinischen Bewohner der Stadt (von über 500 000), kurzfristige Vertreibung der italienischen Kaufleute.

1204
Eroberung und Plünderung der Stadt durch das von Venedig finanzierte Heer des 4. Kreuzzugs. Gründung eines Lateinischen Kaiserreichs.

1261
Eroberung der Stadt durch die orthodoxen Palaiologen, Wiederer-

richtung eines byzantinischen Kaiserreichs.

1346
Einsturz der Kuppel der Hagia Sophia. Gut 50 000 Einwohner.

1453
Osmanische Eroberung der Stadt unter Sultan Mehmed II. (dem Eroberer). Systematischer Aufbau Istanbuls zur osmanischen Hauptstadt.

1465
Beginn des Baus am Topkapı-Palast.

1557
Vollendung der Süleymaniye-Moschee durch den Architekten Sinan. Istanbul hat eine knappe halbe Million Einwohner.

1703
Janitscharenaufstand gegen Mustafa II., der seinen Hofstaat nach Edirne verlegt hatte, und Sturz des Sultans. Solche Aufstände markieren in der osmanischen Geschichte Zeiten wirtschaftlicher oder politischer Krise.

1754
Die Moschee Nurousmaniye wird erbaut. Beginn des osmanischen Barock.

1826
Massaker an den Janitscharen auf Befehl Sultan Mahmuds II. Versuche der osmanischen Zentralverwaltung, das unter dem Druck der europäischen Mächte stehende Reich durch Reformen zu stabilisieren.

1836
Erste Brücke über das Goldene Horn (zwischen Azakapi und Unkapani).

1875
Der Tünel, die erste Untergrundbahn der Stadt, wird eröffnet.

1894
Vorerst letztes der Istanbul durchschnittlich alle 100 Jahre heimsuchenden schweren Erdbeben.

1919–1923
Besetzung der Stadt durch die Siegermächte des Ersten Weltkriegs. Türkischer Befreiungskrieg (bis 1922). Ankara wird Hauptstadt der Türkei.

1935
Die Hagia Sophia wird ein Museum.

1945
Istanbuls Einwohnerzahl steigt über eine Million. Es entstehen illegale Stadtrandsiedlungen der Zuwanderer.

1973
Erste Bosporusbrücke eröffnet. Istanbul wird zur Metropole eines Schwellenlandes: Neben Prestigeobjekten prägen Überbevölkerung und eine schlechte Infrastruktur das Bild.

1988
Zweite Bosporusbrücke eröffnet.

1994
Der spätere Ministerpräsident Recep Tayyip Erdoğan wird Bürgermeister; seitdem islamisch-konservative Stadtregierung mit neoliberaler Wirtschaftspolitik.

2000
Eröffnung der ersten modernen Untergrundbahnlinie in der Stadt.

2010
Istanbul ist Kulturhauptstadt.

Sprachführer Türkisch

Ausspracheregeln

c – dtsch, wie in »Dschungel«
ç – tsch, wie in »Tschako«
ğ – längt die Vokale im Auslaut, schwach zu hören zwischen dunklen Vokalen wie ein deutsches »j«
ı – wie unbetontes deutsches »e«, z. B. in »schwimmen«
j – wie in französisch »journal«
s – Immer scharf, wie in »Fass«
ş – wie deutsches »sch«
z – das weiche deutsche »s« wie in »singen«
y – wie deutsches »j«. Zusammen mit Vokalen bildet es die Diphtonge, »ay« wie in »Ei«, »ey« wie in englisch »saint«, »oy« wie »äu«

Wichtige Wörter und Ausdrücke

ja – evet
nein – hayır
bitte – lütfen
danke – teşekkür ederim/sağ olun
Wie bitte? – efendim?
Ich verstehe nicht – anlamadım
Entschuldigung – özür dilerim/affedersiniz
Guten Morgen – günaydın
Guten Tag – iyi günler
Guten Abend – iyi akşamlar
Hallo – merhaba
Ich heiße … – ismim …
Ich komme aus – … 'den/… 'dan geliyorum
Wie geht's? – nasılsınız?/nasılsın?
Danke, gut – teşekkür ederim, iyiyim
Wer, was, welcher? – kim?, ne?, hangi?
Wie viel? – kaç?, ne kadar?
Wo ist? – … nerededir?
Wann? – ne zaman?
Wie lange? – ne kadar?
Sprechen Sie Deutsch? – Almanca biliyor musunuz?
Auf Wiedersehen – iyi günler!
heute – bugün
morgen – yarın
gestern – dün

Zahlen

eins – bir
zwei – iki
drei – üç
vier – dört
fünf – beş
sechs – altı
sieben – yedi
acht – sekiz
neun – dokuz
zehn – on
hundert – yüz
tausend – bin
hunderttausend – yüzbin
eine Million – milyon

Wochentage

Montag – pazartesi
Dienstag – salı
Mittwoch – çarşamba
Donnerstag – perşembe
Freitag – cuma
Samstag – cumartesi
Sonntag – pazar

Unterwegs

Wie weit ist es nach? – … ne kadar uzaktır?
Wie kommt man nach …? – … 'e/… 'a nasıl gidilir …?
Wo ist…? – nerededir …?
– die nächste Werkstatt – en yakın tamiratçı
– der Bahnhof/Busbahnhof – gar/otogar
– die nächste U-Bahn/Bus-Station – en yakın metro istasyonu/otobüs durağı
– der Flughafen – havaalanı

– Touristeninformation – turizm danışması
– die nächste Bank – en yakın banka
– die nächste Tankstelle – en yakın benzin istasyonu
– ein Arzt/eine Apotheke – bir doktor/bir eczane
Bitte volltanken! – doldurun, lütfen
Normalbenzin – normal (benzin)
Super – süper
Diesel – mazot
bleifrei – kurşunsuz
rechts – sağ
links – sol
geradeaus – düz
Ich möchte ein Auto/ein Fahrrad mieten – bir araba/bir bisiklet kiralamak istiyorum
Wir hatten einen Unfall – bir kaza geçirdik
Eine Fahrkarte nach … bitte! – …'e/…'a bir bilet, lütfen!
Ich möchte … Euro in … (Währung) wechseln – … Euro … Türk Lirası'na (liraya) bozdurmak istiyorum

Übernachten
Ich suche ein Hotel – bir otel arıyorum
Ich suche ein Zimmer für … Personen – oda …kişi için bir arıyorum
Haben Sie noch Zimmer frei? – boş odanız var mı?
– für eine Nacht – bir geceliğe
– für zwei Tage – iki günlüğe
– für eine Woche – bir haftalığa
Ich habe ein Zimmer reserviert – bir oda ayırtmışım
Wie viel kostet das Zimmer? – odanın fiyatı ne kadardır?
– mit Frühstück – kahvaltı dahil
– mit Halbpension – yarım pansiyon ile
Kann ich das Zimmer sehen? – odayı görebilir miyim?
Ich nehme das Zimmer – odayı alacağım
Kann ich mit Kreditkarte zahlen – kredi kartı ile ödeyebilir miyim?

Gesundheit
Apotheke – eczane
Arzt – doktor
Krankenhaus – hastane
Fieber – ateş
Schmerzen – ağrılar
Kopf – baş
Zahn – diş
Hals – boğaz
Magen – mide
Herz – kalp
Ohr – kulak
Auge – göz
Schmerzmittel – ağri kesici
Kohletabletten – karbon tableti

Einkaufen
Wo gibt es …? – nerede var?/nereden alabilirim?
Haben Sie…? – … iniz/… ınız/… unuz/… ünüz var mı?
Wie viel kostet das? – bunun fiyatı nedir?
Das ist zu teuer – bu çok pahalıdır
Geben Sie mir bitte 100 g/ein Pfund/ein Kilo – bana yüz gram/yarım kilo/bir kilo verir misiniz?
Danke, das ist alles! – bu kadardır, teşekkür ederim!
geöffnet/geschlossen – açık/kapalı
Bäckerei – pastane
Kaufhaus – mağaza
Markt – pazar/çarşı
Metzgerei – kasap
Haushaltswaren – mutfak eşyaları
Lebensmittelgeschäft – bakkal
Briefmarken für einen Brief/eine Postkarte nach Deutschland/Österreich/in die Schweiz – Almanya'ya/Avusturya'ya/İsviçre'ye bir mektup/bir kart postal için bir pul

Kulinarisches Lexikon

A
Adana kebabı – Spieß aus scharf gewürztem Hackfleisch
Antep ezmesi – scharfe Vorspeise mit Tomaten und Pistazien
Antep fıstığı – Pistazie
aşure – süßer Getreidepudding

B
bahşiş – Trinkgeld
bakar mısınız – Herr Ober!
baklava – in Sirup getränkter Blätterteigkuchen mit Nüssen
balık – Fisch
bardak – Glas
beyaz peynir – Fetakäse
biber – Paprika, Pfeffer
bıçak – Messer
börek – Blätterteigspeisen, Füllung aus Käse (**peynir**), Hackfleisch (**kıyma**) oder Spinat (**ispanak**)
bonfile – Steak
bulgur – Weizenschrot, Kuskus
buz – Eis, Eiswürfel

C
cacik – Joghurt mit Dill, Gurke und Knoblauch
çatal – Gabel
çay – Tee
Çerkes tavuğu – Hühnerfleisch in Walnusssauce
çoban salatası – gemischter Salat
çorba – Suppe

D
dolmalar – gefüllte Gemüse
domates – Tomaten

E
ekmek – Brot
enginar – Artischocke
ezme – pürierte Gemüse, salzige Cremes
ezo gelin – Suppe aus orangenfarbigen Linsen, mit Minze gewürzt

F
fasulye – Bohnen
fava – Bohnenpüree
fırında – überbacken

G
gözleme – dünne, gefüllte Teigblätter
güveç – im Ofen geschmortes Gericht

H
hamsi – kleine Schwarzmeersardelle
haşlama – mit Wurzelgemüse gekochtes Fleisch
helva – feste Nachspeise, sehr süß
hesap, lütfen! – die Rechnung, bitte!
humus – Kichererbsenpüree
hünkâr beğendi – Lammfleisch in Auberginen-Käse-Püree

I
iç pilav – Reis mit Pinienkernen, Zwiebeln und Leber
içli köfte – mit Lammfleisch gefüllte Weizenschrotbällchen
imam bayıldı – mit Gemüse gefüllte Aubergine, kalt gegessen

K
kadınbudu köfte – Fleischbällchen mit Reis, in Eiteig ausgebacken
kâğit kebabı – Lammfleisch mit Gemüsen in eigenem Saft
kahvaltı – Frühstück
kahve – Kaffee
kalkan – Steinbutt
karabiber – schwarzer Pfeffer
karides – Krabben, Garnelen
karnıyarık – mit Hackfleisch gefüllte Auberginen
karpuz – Wassermelone

kaşık – Löffel, Suppenlöffel
kavun – Honigmelone
kazan dibi – Süßigkeit aus Milch, an der Unterseite karamellisiert
kırmızı biber – rote Paprikaplättchen
kıyma – Hackfleisch
kızartma – in Öl ausgebackene Gemüse, vor allem Zucchini **(kabak)**, Aubergine **(patlıcan)**, grüne Paprika **(biber)** und Kartoffeln **(pomfrit)**
köfte – Fleischbällchen

L

lahmacun – mit Fleischpaste bestrichene Brotfladen
levrek – Seebarsch
limon – Zitrone
liste, yemek listesi – Speisekarte
lokma – Teigkügelchen in Sirup

M

mantı – Teigtäschchen mit Knoblauchsauce
meyva – Obst
meyve suyu – Obstsaft
midye dolması – mit Reis gefüllte Muscheln
mönü – Speisekarte
mücver – Zucchini-Küchlein

P

palamut – Thunfisch
pastırma – luftgetrockneter Rindsschinken in Paprikahülle
patates – Kartoffeln
patlıcan – Aubergine
– ezmesi – Auberginenpüree
peynir – Käse
pilav – Gericht aus Reis oder Weizenschrot
piliç – Hähnchen
pirzola – Lammkotelett
piyaz salatası – Salat aus weißen Bohnen und Zwiebeln
portakal – Orange

R

rakı – Anisschnaps
roka – Raukensalat

S

salam – Wurst
salatalık – Gurke
sek – Wein – trocken; **Rakı** – pur
şeker – Zucker
şerefe! – Prost!
sigara böreği – fingerlange, mit Käse oder Hackfleisch gefüllte Blätterteigröllchen
şiş kebap – Fleischstücke, am Spieß gebraten
soğan – Zwiebel **(taze soğan** – Frühlingszwiebel)
su – Wasser
sucuk – würzige Wurst
süt – Milch
sütlaç – Milchreispudding

T

tarama – Fischrogencreme
tatlı – süß, Nachspeise
tavuk – Huhn
– göğsü – mit Hühnerfleisch bereitete süße Milchspeise
– suyu – Hühnerbrühe
tuz – Salz

Y

yayla çorbası – Hühnersuppe mit Joghurt, gewürzt mit Pfefferminze
yemek – Essen, besonders gekochte und gedünstete (im Gegensatz zu rohen und gebratenen) Gerichte
yoğurt – Joghurt
yumurta – Ei **(rafadan** – weich gekocht, **hazırlop** – hart gekocht)

Z

zeytin – Oliven
zeytinyağlılar – kalte Gemüsegerichte mit Olivenöl

Reisepraktisches von A–Z

ANREISE

MIT DEM FLUGZEUG

Von München nach Istanbul und zurück es gibt Flüge z.B. für 200 bis 380 €, mit der Staatslinie Turkish Airlines (Türk Hava Yolları, THY) und mit anderen Fluggesellschaften. Die Suche nach preisgünstigen Verbindungen lohnt sich durchaus: Zahlreiche Airlines machen sich bei den Verbindungen nach Deutschland, Österreich und der Schweiz gegenseitig Konkurrenz. Die Flugzeit von Frankfurt aus beträgt drei Stunden. Für innertürkische Anschlussflüge ist THY nahezu unentbehrlich. Um vom Flughafen ins Stadtzentrum zu gelangen, ist die Fahrt mit einem der vielen Taxis am bequemsten, kostengünstiger sind jedoch die vom Atatürk-Flughafen regelmäßig verkehrenden Busse sowie die Metro bis Aksaray. In der mittleren Preisklasse liegen die Busse der Gesellschaft Havaş (6–10 €), die auch den Sabiha-Gökçen-Flughafen mit dem Taksim-Platz verbinden.

Auf www.atmosfair.de und www.myclimate.org kann jeder Reisende durch eine Spende für Klimaschutzprojekte für die CO_2-Emission seines Fluges aufkommen.

MIT BUS ODER AUTO

Die Anreise auf dem Landweg ist wegen der enormen Entfernungen sehr zeitraubend und anstrengend. Sie ist daher nur zu empfehlen, wenn man anschließend mit dem eigenen Wagen durchs Land fahren will. Auf der direkten Route München–Zagreb–Belgrad–Sofia–Edirne–Istanbul sollte man besser zwei Übernachtungen einplanen. Wer die Nacht lieber durchfährt – ohne lange Aufenthalte in Staus oder an Grenzübergängen –, erreicht in etwa 40 Stunden sein Ziel. Aktuelle Informationen über die Anreise mit dem eigenen Pkw erteilt der regionale ADAC.

Die Busreise ist dank des heftigen Wettbewerbs die billigste Anreise. Traditionell gut eingeführte Unternehmen auf den Strecken nach Europa sind Ulusoy, Bosfor und Varan. Vom neuen Busbahnhof im Istanbuler Stadtteil Bayrampaşa fährt eine Tram zum Stadtzentrum.

MIT DEM SCHIFF

Die kürzeste Schiffsreise führt von Otranto oder Brindisi nach Igoumenitsa (weiter mit dem Wagen über Saloniki). Von April bis Oktober verkehren Autofähren der Turkish Maritime Lines und anderer Reedereien von Venedig und Ancona (Dauer: drei Nächte und zwei Tage; Kosten hin und zurück zwischen 500 und 1000 €).

MIT DER BAHN

Es empfiehlt sich die Strecke München–Wien–Istanbul, mit Umsteigen in Budapest. Fahrtdauer ca. 40 Std., Ticket 2. Klasse ca. 180 € (einfach).

AUSKUNFT

IN DEUTSCHLAND, ÖSTERREICH UND DER SCHWEIZ

Türkische Republik, Kultur und Tourismus Ministerium
– Rungestr. 9, 10179 Berlin • Tel. 030/2143752 • www.goturkey.com
– Singer Str. 2/8, 1010 Wien • Tel. 02 22/5 12 21 28-29 • www.turkinfo.at

– Stockkerstr. 55, 8002 Zürich • Tel. 04 11/2 21 08 10 - 12

IN ISTANBUL
Tourist Information
– Sultanahmet • Sultanahmet Mey. Tel. 02 12/5 18 87 54
▸ S. 119, D 19
– Sirkeci • Sirkeci Garı (im Bahnhof) • Tel. 02 12/5 11 58 88 ▸ S. 119, D 19
– Yeşilköy • Atatürk Airport • Tel. 02 12/ 6 63 07 93, 5 73 41 36
▸ Klappe hinten, b 3

BUCHTIPPS
Klaus Kreiser: Istanbul: Ein historischer Stadtführer (C.H. Beck, 2009) Ein Führer durch das osmanische Istanbul, der Originaltexte übersetzt und vergnüglich zeigt, wie in osmanischer Zeit in Istanbul gelebt wurde.

Orhan Pamuk: Istanbul: Erinnerungen an eine Stadt (Fischer Tb, 2008) Der Nobelpreisträger von 2006 hat seiner Heimatstadt ein großartiges Erinnerungsbuch gewidmet. Istanbul als eine Stadt der Melancholie zwischen den Kulturen – fast schon Vergangenheit und doch täglich zu spüren.

Stefanos Yerasimos: Konstantinopel: Istanbuls historisches Erbe (h.f.ullmann, 2009) Ein prächtiger Bildband, der die türkische Metropole in zahlreichen großartigen Aufnahmen zeigt.

Constanze Letzsch (Hrsg.): Unser Istanbul: Junge türkische Literatur (Bloomsbury, 2008) Der Band versteht sich als Einladung zu junger türkischer Literatur: Hier erzählen die jungen Vertreter der türkischen Literaturszene in zehn Geschichten über ihren Alltag zwischen Basaren, Bädern und Moscheen.

DIPLOMATISCHE VERTRETUNGEN
Generalkonsulat der Bundesrepublik Deutschland ▸ S. 115, D 10
Ayazpaşa, Taksim • Inönü Cad. 16–18 • Tel. 02 12/3 34 61 00 • www.istanbul.diplo.de

Generalkonsulat der Republik Österreich ▸ S. 85, b 2
Yeniköy • Köybaşı Cad. 46 • Tel. 02 12/2 62 49 84

Generalkonsulat der Schweizer Eidgenossen ▸ S. 115, nördl. F 9
Teşvikiye • Hüsrev Gerede Cad. 75/3 • Tel. 02 12/2 59 11 18

FEIERTAGE
Offizielle Feiertage, an denen Banken, Behörden und die meisten Läden geschlossen sind:
1. Januar Yılbaşı (Neujahrstag)
23. April Ulusal Egemenlik ve Çocuk Bayramı (Tag der nationalen Unabhängigkeit und der Kinder)
1. Mai Emek ve Dayanışma Günü (Tag der Arbeit und Solidarität)
19. Mai Atatürk'ü Anma, Gençlik ve Spor Bayramı (Atatürk-Gedenktag, Tag der Jugend und des Sports)
30. August Zafer Bayramı (Tag des Sieges; über die Griechen 1922)
29. Oktober Cumhuriyet Bayramı (Tag der Republik; Gründung 1923)
Dazu kommen die beiden hauptsächlichen religiösen Feiertage, das Zuckerfest (Ramazan bayramı oder auch şeker bayramı) und das Opferfest (kurban bayramı).
Am ersten Tag des »Şeker Bayrami« (zurzeit im Oktober) und während des viertägigen »Kurban Bayrami« (im Dezember) sind die meisten Geschäfte ebenfalls geschlossen. Diese Feiertage richten sich nach dem Mondkalender, sind also beweglich.

GELD

1 TL	0,42 €/0,51 SFr
1 €	2,35 TL
1 SFr	1,95 TL

Ausländische und türkische Währungen dürfen unbegrenzt eingeführt werden. Deutsche Banken tauschen die **Türk Lirasi** zu einem skandalös schlechten Kurs um, aber Bankfilialen haben an den Grenzstationen rund um die Uhr geöffnet. Nicht verbrauchtes türkisches Geld kann vor der Rückreise unter Vorlage der Umtauschquittung oder einer Bescheinigung über die Deklaration der eingeführten Summe zurückgetauscht werden. Bessere Kurse als die meisten Banken bieten manche Wechselstuben (»döviz büfesi«).

Die Türk Lirasi zirkuliert in Scheinen zu 100, 50, 20, 10, 5 und 1 TL sowie in Münzen zu 1 TL und 50, 20, 10, 5 und 1 kuruş.

INTERNET

www.istanbul.net.tr
Stadtführer mit aktuellen Informationen, Programmen und Tipps.
www.reiseland-tuerkei-info.de
Weit verzweigte Website mit allerlei nützlichen Informationen.

NEBENKOSTEN

1 Espresso	1,50 €
1 Bier	3,00 €
1 Cola	1,00 €
1 Brot (ca. 500 g)	0,50 €
1 Schachtel Zigaretten	3,00 €
1 Liter Normal-Benzin	2,00 €
Öffentl. Verkehrsmittel (Einzelfahrt)	0,75 €
Mietwagen/Tag	ab 80,00 €

www.kultur.gov.tr
Website des türkischen Ministeriums für Kultur und Tourismus; auf elf Sprachen, u. a. auch auf Deutsch.

MEDIZINISCHE VERSORGUNG
KRANKENVERSICHERUNG

Der Abschluss einer Auslandskrankenversicherung ist ratsam. Zwar können Krankenversicherte aufgrund eines Sozialversicherungsabkommens mit einem Berechtigungsschein ihrer Kasse in der Türkei gratis behandelt werden. Eine zusätzliche Kranken-Rücktransport-Versicherung wird empfohlen.

KRANKENHAUS
Deutsches Krankenhaus
▶ S. 114, C 10
Taksim • Sirasevliler Cad. 114 •
Tel. 02 12/2 93 21 50

Österreichisches St.-Georgs-Krankenhaus ▶ S. 85, b 2
Galata • Bereketzade Sol. 5/7 •
Tel. 02 12/2 43 25 90-91

APOTHEKEN

Apotheken, erkennbar an einem roten Halbmond, sind in der Regel Mo–Sa 9–19 Uhr geöffnet. Auskunft über diensthabende Apotheken erhält man unter Tel. 118.

NOTRUF

Polizei Tel. 155
Feuerwehr Tel. 110
Rettungsdienst Tel. 112

POST

Die Briefkästen in der Türkei sind gelb. Internationale Post wirft man in den Kasten mit der Aufschrift »Yurtdışı«. Briefmarken erhält man auf Postämtern oder an PTT-Kiosken.

Mittelwerte	JAN	FEB	MÄR	APR	MAI	JUN	JUL	AUG	SEP	OKT	NOV	DEZ
Tagestemperatur	9	9	11	16	21	26	29	29	25	21	15	11
Nachttemperatur	3	2	3	7	12	16	18	20	15	12	8	5
Sonnenstunden	3	3	4	7	9	11	12	11	9	6	5	2
Regentage pro Monat	18	15	14	10	8	5	4	4	6	10	13	17
Wassertemperatur	8	8	8	11	15	20	22	23	21	19	15	11

Eine Postkarte nach Deutschland, Österreich und Schweiz kostet 0,90 TL.

REISEDOKUMENTE

Für den Aufenthalt bis zu drei Monaten genügt für Bürger Deutschlands und der Schweiz ein gültiger Personalausweis. Österreichische Staatsbürger benötigen bei Einreise an der Grenze ein kostenpflichtiges Stempelvisum (15 €). Kinder unter 16 Jahren müssen im Pass eines Elternteils eingetragen sein oder benötigen einen Kinderausweis (ab 10 Jahren mit Lichtbild bzw. Kinderreisepass).

REISEKNIGGE

Man sollte in Moscheen und Kirchen unbedingt auf **angemessene Kleidung** achten (Knie und Oberarme, bei Frauen sollten auch die Haare durch ein Tuch bedeckt sein) und auch auf ausführlicheren Spaziergängen in eher konservativen Vierteln (Eyüp, Fatih) keinesfalls zu aufreizend gekleidet sein.
Freundlichkeit ist die Hauptregel beim **Verhandeln** um den Kaufpreis eines Andenkens, zumal das Feilschen nur in Basaren und Teppichgeschäften üblich ist. Trinkgeld gibt man Kellnern (etwa 10%), nicht aber Taxifahrern. Nach wie vor ist es unüblich, im Restaurant getrennte Rechnungen zu verlangen.

REISEWETTER

Die beste Reisezeit ist von April bis Oktober, wobei es im Hochsommer sehr heiß und schwül werden kann. Die Winter sind hingegen sehr kalt.

STROM

Die elektrische Spannung beträgt 220 Volt. Stromausfälle und Spannungsschwankungen kommen vor.

TELEFON
VORWAHLEN

D, A, CH ▸ Türkei: 00 90
Türkei ▸ D: 00 49
Türkei ▸ A: 00 43
Türkei ▸ CH: 00 41
In Istanbul gelten zwei verschiedene Vorwahlen:
europäisches Ufer: 02 12
asiatisches Ufer: 02 16

VERKEHR
AKBİL

Das praktische elektronische Ticket gilt in allen öffentlichen Verkehrsmitteln außer den Dolmuş. Erhältlich an Verkehrsknotenpunkten, aufladbar an Automaten und an Schaltern sowie bei Zeitungsverkäufern. Kinder unter sechs Jahren fahren gratis. Die Stadtverwaltung ersetzt den Plastikknopf peu à peu durch E-Karten.

AUTO

Die Verkehrsregeln der Türkei entsprechen den europäischen. Bleifreies Benzin (»kurşunsuz«) ist in Istanbul problemlos zu finden. Wegen des chaotischen Verkehrs und der Parkplatzprobleme ist die Benutzung des eigenen Autos jedoch nur in Ausnahmefällen eine vernünftige Entscheidung. Auf jeden Fall sollte man eine zusätzliche Kurzkaskoversicherung abschließen, die auch auf der asiatischen Seite des Bosporus gültig ist.

BUS (OTOBÜS)

Die blau-grünen, blau-orangen und rot-weißen Autobusse sind die wichtigsten öffentlichen Verkehrsmittel. Fahrpläne gibt es kaum, an jedem Bus steht vorne, wohin er fährt.

METROBUS

Im Minutentakt verbinden Metrobusse auf eigener Fahrspur über die Stadtautobahn die Stadt im Westen von Avcılar bis nach Söğütlüçeşme im Osten.

MIETWAGEN

Mietwagenpreise beginnen bei etwa 60 € pro Tag. Alle größeren internationalen Verleihfirmen haben Niederlassungen in Istanbul, etwa am Flughafen. Hinzu kommen nur hier vertretene kleinere Verleihe.

SAMMELTAXI (DOLMUŞ)

Die Minibusse, die als Sammeltaxis verkehren, fahren erst los, wenn alle Plätze besetzt sind. Trotzdem nehmen sie – wie auch immer das geht – noch Passagiere am Weg auf. Für Touristen interessant sind vor allem die Minibusse vom Taksim (vor dem Atatürk Kitaplığı, Mete Cad.) nach Sarıyer, von Vezneciler zwischen Universität und Kalenderhane-Moschee nach Edirnekapı und von Taksim-Gümüşsuyu nach Beşiktaş-Fußgängerüberführung. Der Fahrpreis beträgt zwischen 0,50 und 1 €; er ist im Wagen zu zahlen. Zwischen Eminönü und Üsküdar bzw. Kadıköy und zwischen Kabataş sowie Beşiktaş und Üsküdar verkehren »motor«, die das Prinzip der Sammeltaxis auf das Wasser übertragen.

SEEBUS (DENIZ OTOBÜSLERI)

Katamarane mit Hunderten Sitzplätzen verkehren zwischen weiter voneinander entfernten Stadtteilen. Die Fahrpreise liegen je nach Entfernung zwischen 1 und 20 €.

STADTDAMPFER (ŞEHIRHATLARI)

Die gemütlichen städtischen Dampfer verkehren zwischen den wichtigsten Stadtteilen an der Küste, zu den Prinzeninseln und über das Marmarameer.

TAXI

Der schnellste und bequemste Weg, in der Stadt herumzukommen, sind die günstigen Taxis. Bestehen Sie darauf, dass der Taxameter bei Fahrtbeginn in Betrieb genommen wird.

TRAM (TRAMVAY)

Die nostalgische Trambahn zwischen Taksim-Platz und Tünel und die modernen Tramlinien in und aus der Altstadt heraus sind zuverlässige und verhältnismäßig schnelle Ver-

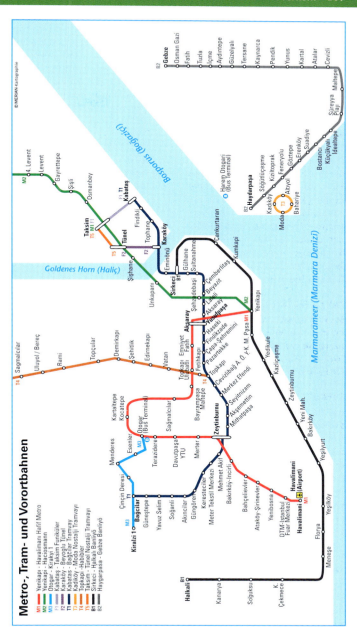

kehrsmittel. Die Linie Kabataş–Zeytinburnu führt durch das historische Stadtzentrum. In Zeytinburnu hat man Anschluss an die Verbindung vom Flughafen nach Aksaray (die sogenannte Hafif-Metro), die auch den Busbahnhof anfährt.

UNTERGRUNDBAHN (TÜNEL UND METRO)

Seit dem Jahr 2000 verkehrt endlich die erste richtige Untergrundbahn (Metro), vom Taksim nach Norden in das Geschäftsviertel Levent. Sie ist ziemlich schnell, aber für Touristen nur in wenigen Ausnahmefällen interessant. Bis zur Fertigstellung der Metro war die wenige Hundert Meter lange Tünel-Linie zwischen Karaköy und dem Ende der Istiklâl Caddesi aus dem Jahr 1874 die einzige echte Untergrundbahn der Stadt. Seit 2007 verbindet ein weiterer sogenannter Füniküler den Taksim-Platz mit Kabataş.

VORORTBAHN (BANLIYÖ TRENI) UND FERNBUS

Auf den Überlandstrecken fahren die verhältnismäßig schnellen, aber spartanisch eingerichteten Vorortbahnen mehr oder weniger die gesamten Küsten des Marmarameeres entlang. Bewahren Sie die Tickets beim Aussteigen unbedingt auf, sie werden an den Ausgängen eingesammelt!
Fernbusse sind das wichtigste Verkehrsmittel bei Ausflügen zum Beispiel an die türkische Westküste. Busfahren ist zugleich billig. Komfort und Reisegeschwindigkeit verdienen meist gute Noten. Der Busbahnhof in Esenler ist mit der schnellen Trambahn von Eminönü gut erreichbar.

ZEITUNGEN UND ZEITSCHRIFTEN

Auf Englisch erscheinen in Istanbul die Tageszeitung »Daily News« sowie der »New Anatolian«. Kulturprogramme enthalten die auf Türkisch und Englisch erscheinenden Zeitschriften »Istanbul The Guide« sowie »TimeOut Istanbul«.

ZEITVERSCHIEBUNG

In der Türkei gilt die osteuropäische Zeit (MEZ +1 Std.) mit der üblichen Sommerzeitregelung.

ZOLL

Reisende aus Deutschland und Österreich dürfen Waren im Wert von 300 € bei Flug- bzw. Seereisen von 430 € (Jugendliche: 175 €) abgabenfrei mit nach Hause nehmen, Reisende aus der Schweiz im Wert von 300 SFr. Die Waren müssen für den privaten Gebrauch vorgesehen sein. Tabakwaren und Alkohol fallen nicht unter diese Wertgrenze und bleiben in bestimmten Mengen abgabenfrei (z. B. 200 Zigaretten, 4 l Wein). Weitere Auskünfte unter www.zoll.de, www.bmf.gv.at/zoll und www.zoll.ch.

Mitgeführten wertvollen Schmuck, Antiquitäten und elektronisches Gerät sollte man sich bei der Einreise in die Türkei in den Reisepass eintragen lassen, um bei der Ausreise Schwierigkeiten zu vermeiden. Nicht vergessen: bei der Ausreise diesen Eintrag wieder löschen, wegen künftiger Einreise.

Auch Kraftfahrzeuge werden bei der Einreise in den Pass eingetragen.

Bei der Ausreise muss für Teppiche die Quittung und für antike Gegenstände (über 100 Jahre alt) die schriftliche Genehmigung einer Museumsleitung vorgelegt werden.

Kartenatlas
Maßstab 1:15 000

Legende

Spaziergänge

○─→● Szeneviertel Galata (S. 76) Start: S. 117, F7

○─→● Von der Şehzade-Moschee zur Galatabrücke (S. 81) Start: S. 118, A18

Sehenswürdigkeiten

- MERIAN-TopTen
- MERIAN-Tipp
- Sehenswürdigkeit, öffentl. Gebäude
- Sehenswürdigkeit Kultur
- Sehenswürdigkeit Natur
- Kirche; Kloster
- Schloss, Burg; Ruine
- Moschee; Synagoge
- Museum

Sehenswürdigkeiten ff.

- Denkmal
- Leuchtturm
- Archäologische Stätte

Verkehr

- Autobahn
- Autobahnähnliche Straße
- Fernverkehrsstraße
- Hauptstraße
- Nebenstraße
- Unbefestigte Straße, Weg
- P Parkmöglichkeit
- B Busbahnhof
- H Bushaltestelle
- M T Metrostation; Tünel

Verkehr ff.

- Bahnhof
- Schiffsanleger
- Flughafen; -platz

Sonstiges

- i Information
- Theater
- Markt
- Botschaft, Konsulat
- Golfplatz
- Camping; Strand
- Aussichtspunkt
- Friedhof
- Muslimischer Friedhof
- National-, Naturparkgrenze

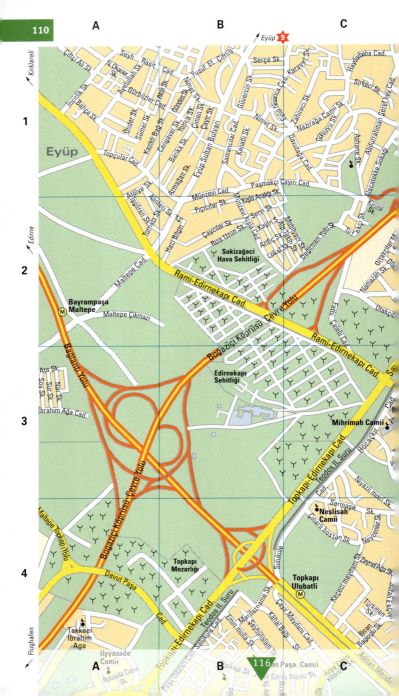

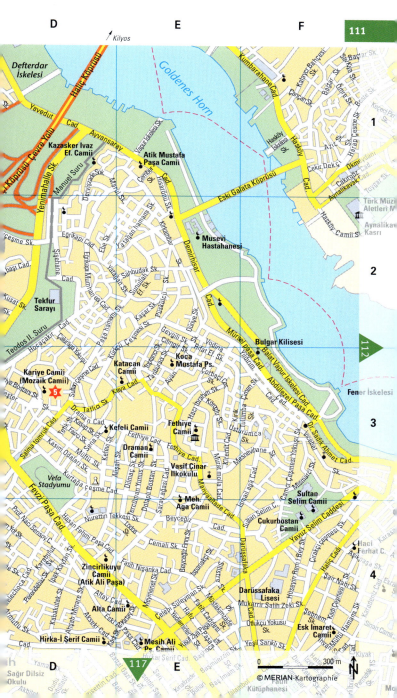

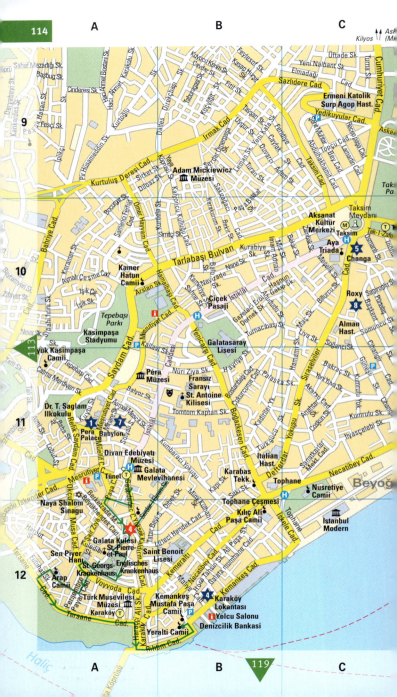

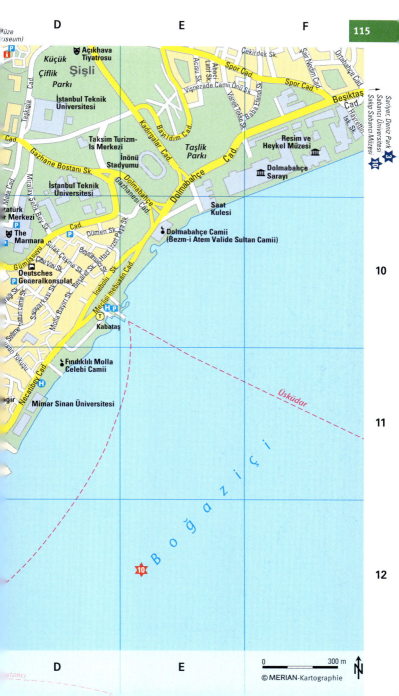

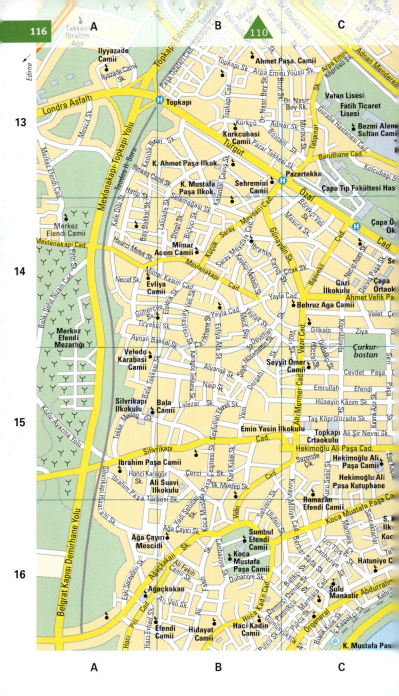

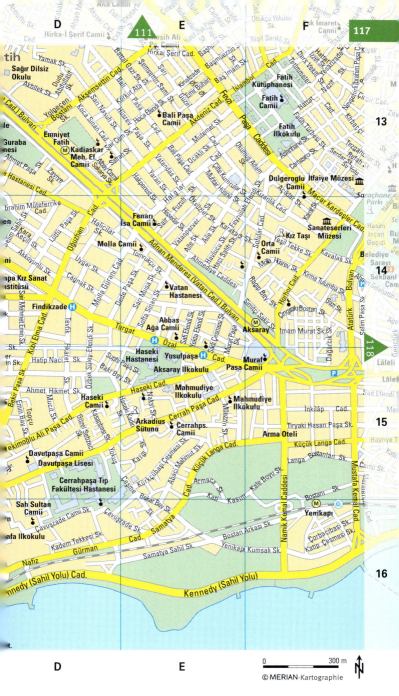

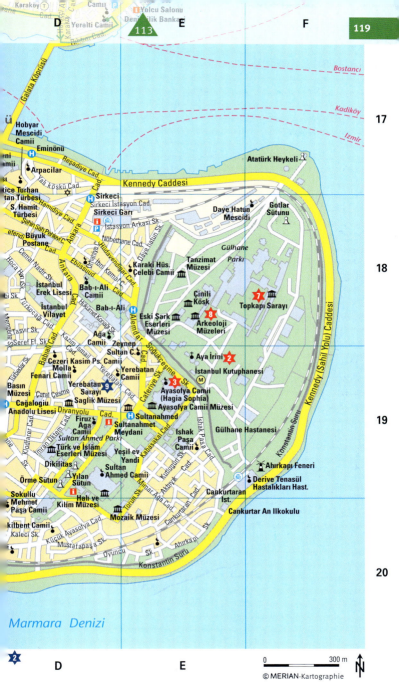

Kartenregister

Abaci Mahmut Sk. 117, E15
Abdülezel Paşa Cad. 111, F3
Abdülhakhamit Cad. 114, C9
Abdullah Sk. 113, D6
Abdurrahman Şeref bey Cad. 110, C1
Açiklar Sk. 117, F13
Acisu Sk. 115, E9
Adivar Sk. 116, C13
Adnan Menderes (Vatan Cad.) Bulvari 117, E14
Ağa Çayırı Sk. 116, B16
Aga cırağı Sk. 115, D10
Ağa Yokuşu Sk. 118, A18
Ağaç Köpru Sk. 113, D5
Ağaçkakan Sk. 116, B16
Ahır Kapı Sk. 119, E20
Ahmediye Cad. 117, E14
Ahmet Hikmet Sk. 117, D15
Ahmet Selahattin Sk. 117, F14
Ahmet Selahattin Sk. 118, A18
Ahmet Vefik Paşa Cad. 116, C14
Ahşab Minare Sk. 111, D4
Ahududu Sk. 114, B10
Aile Sk. 117, E14
Akat Sk. 110, B1
Akbıyık Cad. 119, E19
Akbilek Sk. 117, D13
Akdeniz Cad. 117, E13
Akif Paşa Sk. 118, A17
Akkoyunlu Sk. 117, D14
Aksakal Sk. 119, D20
Akseki Cad. 111, D4
Akşemsettin Cad. 117, D13
Alınteri Sk. 110, A2
Alacatekke Sokaği 110, C1
Alemdar Cad. 119, E18
Ali Baba Sk. 113, E7
Ali Fakih Sk. 116, B16
Ali Kuşcu Sk. 110, C3
Ali paşa Cad. 111, F3
Ali Paşa Sk. 114, B12
Ali Şir Nevai Sk. 116, C15
Ali Veli Sk. 116, B16
Ali Şah Sk. 111, E3
Alp Tekin Sk. 110, C2
Altı Mermer Cad. 116, C15
Altay Cad. 111, D4
Alyanak Sk. 116, B15
Ambar Arkası Sk. 113, E7
Anahtar 114, C11
Ankara Cad. 119, D18
Araplı Sk. 113, D6
Arda Cad. 113, D6
Ardiç Sk. 110, B2
Armutlu Sk. 111, D4
Arpa Emini Yousu Sk. 116, B13

Arslan Sk. 113, F6
Asdibek Cesmesi Sk. 118, C19
Ashane Sk. 110, C1
Aşir efendi Cad. 119, D18
Aşikpaşa Sk. 112, B8
Asker Ocaği Cad. 114, C9
Asker Sk. 118, A19
Asmali Mescit Sk. 113, F7
Asya Sk. 118, A19
Ata Sk. 110, A3
Atatürk Bulvar 118, A18
Atatürk Köprüsü 113, D8
Atmaca Sk. 117, E15
Atölye Sk. 110, A1
Avas Köyu (Demirkapı Cad.) Yolu 110, A2
Avni Sk. 113, E7
Avuk Cad. 113, D6
Ayan Sk. 111, E3
Aydın Bay Sk. 112, C8
Ayetullah Sk. 110, A1
Aynal Çeşme Cad. 114, A10
Aynalı Çeşme Cad. 113, E6
Aynali Bakkal Sk. 116, A14
Aynalikavak Cad. 111, F1
Ayvansaray Cad. 111, D1
Azimkar Sk. 118, A19
Aziz Sk. 111, F1

Başvekil Cad. 116, C14
Babiali Cad. 119, D19
Baba Efendi Sk. 115, F9
Baçtar Sk. 111, F1
Bağlantı Yolu 110, A3
Bahçe Sk. 110, A1
Bahriye Cad. 113, E6
Bakırcılar Cad. 118, B18
Baki Bey Sk. 117, D15
Bakraç Sk. 114, C11
Bal k Şehit Nizam Cad. 116, A14
Bala Tekkesi Sk. 116, A15
Balat Vapur İskelesi Cad. 111, F3
Bali Paşa Cad. 117, E13
Bali Paşa Yokuşu 118, C19
Balikçi Sk. 116, C16
Balo Sk. 113, F6
Balyoz Sk. 113, F7
Barika Sk. 110, B1
Baruthane Cad. 116, C13
Baş Bakkal Sk. 116, A14
Baş Müezzin Sk. 117, E13
Başbug Sk. 113, E5
Başhoca Sk. 111, E4
Başkent Sk. 114, C10
Battal Gazi Sk. 117, E13
Bayıldım Cad. 115, E9
Bekar Bey Sk. 117, E16
Bekir Sk. 113, F6

Belgrat Kapısı Demirhane Yolu 116, A16
Berber Sefik Sk. 116, C16
Beşaret Sk. 115, D10
Besim Ömer Paşa Cad. 118, B18
Beste Sk. 112, B5
Bey Cad. 114, C9
Beyceğiz Cad. 111, E4
Beyceğiz Fırını Sk. 111, E4
Beytülmalcı Sk. 115, D9
Bıakçı Çeşmesi Sk. 112, C8
Bıçkıcı Sk. 116, B14
Billurcu Sk. 114, C10
Birlik Sk. 113, D5
Birol Sk. 116, B13
Boğaziçi Köprüsü Çevre Yolu 110, B2
Boğazkesen Cad. 114, B11
Börekçi Bayram Sk. 113, D5
Bostan Arkası Sk. 117, E16
Bostan Hamamı Sk. 112, C8
Bostanı Sk. 117, F15
Bostanbaşi Cad. 114, B11
Bülen Paşa Kapısı Cad. 113, D6
Büyük Hendek Sk. 113, E8
Büyük Kule Sk. 116, C16
Büyük Reşit Paşa Cad. 118, A18

Cadırcılar Cad. 118, C18
Caferiye Sk. 119, E19
Cakırgöz Cad. 111, F1
Camasırcı Sk. 117, F13
Camcı Çeşmesi Yokuşu Sk. 111, F3
Canbaziye Sk. 116, B16
Cankurtaran Cad. 119, E20
Carikhane Sk. 116, B14
Cavdar Sk. 113, F5
Caydanlık Sk. 113, D6
Caylak Sk. 114, B9
Cekir Dekçi Sk. 111, F1
Cemal Nadir Sk. 119, D18
Cemali Sk. 111, E4
Cengaver Sk. 110, B1
Cerrah Paşa Cad. 117, E15
Cevdet Paşa Cad. 116, C15
Cibali Cad. 112, C8
Cihangir Cad. 114, C11
Cilingir Sk. 111, E2
Cilingir Sk. 112, A6
Cinderesi Sk. 113, E5
Coşkun Sk. 114, C11
Cumhuriyet Cad. 114, C9

Çakırağa Yokuşu 111, D3
Çakmakçılar Yokuşu 118, C18
Çatal Çesme 119, D19
Çavuşzade Camii Sk. 117, D16

Kartenregister 121

Çavuşzade Sk. 117, D16
Çayır Meydanı Cad. 110, C4
Çaycılar Sk.110, B2
Çayir Sk. 110, B1
Çelebi başı Cad. 111, D2
Çember Sk. 111, E1
Cerci Sk. 116, B15
Çiçek Pazarı Sk. 118, C17
Çiftçi Ali Sk. 110, A1
Çifte Gelinler Cad. 118, B19
Çifte Kumrular Sk. 117, E13
Çimen Sk. 110, B1
Çınarlı bostan Sk. 110, C4
Çıngırakı Bostan Sk. 117, F14
Çırakçı Çeçmesi Sk. 112, B8
Çırçır Cad. 118, A17
Çitak Sk. 116, C14
Çivici Sk. 113, E6
Çömlekçıler Sk. 110, C1
Çorbaçi Ces. Sk. 111, E3
Çorbacibasi Sk. 117, F16
Çukurcuma Cad. 114, B11

Dağarcık Sk. 117, F14
Dalfes Direkçbaşı Sk. 113, F5
Darüşşafaka Cad. 111, F4
Darülhadis Sk. 118, A17
Davut Paşa Cad. 110, A4
Davutağa Cad. 110, C1
Dâye hatun Sk. 119, E18
Değirmeni Sk. 113, D5
Dede Efendi Cad. 118, A18
Dede Paşa Sk. 117, E14
Defterdar Yokuşu Sk. 114, C11
Değirmen Yolu Sk. 110, C2
Demir Cad. 113, D6
Demirci Osman Sk. 116, C16
Demirhisar Cad. 111, E2
Dereboyu Cad. 113, E6
Ders Vekili Sk. 117, F13
Dervişzade Sk. 111, D1
Dervis Paşa Sk. 116, C14
Deryabeyi Sk. 113, E5
Devirhan Sk. 116, B14
Dilbaz Sk. 113, F5
Dilmaç Sk. 111, E3
Dingil Sk. 116, B14
Divanyolu Cad. 119, D19
Dolapdere Cad. 113, F5
Dolaplı Bostan Sk. 111, E3
Dolmabahçe Cad. 115, E9
Doymaz Dere Yolu 112, C5
Dr. Ahmet Paşa Sk.117, D13
Dr. Nasır Bey Sk. 116, B13
Draman Cad. 111, D3
Dudu Abdullatif Sk. 117, D13
Dümen Sk. 115, D10
Duhaniye Sk. 116, B16
Dutdibi Sk. 112, C6
Duvarcı Adem Sk. 114, B9

Ebe Sk. 111, D2

Ebüssuud Cad. 119, D18
Eğrikapı Cad. 111, D2
Eğrikapı Mumhanesi Cad. 111, D2
Elektrik Sk. 116, B14
Elmadağı Cad. 114, C9
Emin Molla Sk. 110, B4
Emin Sinan Hamamı Sk. 118, C19
Emrullah Efendi Sk. 116, C15
Eroğlu Sk. 110, C3
Ese Kapısı Sk. 116, C15
Eski Ali Paşa Cad. 111, E4
Eski Galata Köprüsü 111, F1
Eski Sarayönu Sk. 116, A16
Evkaf Sk. 118, C19
Evliya Ata Sk. 116, B14
Evliya Çelebi Cad. 113, E7
Eyüp Nisanca Cad. 110, B1
Eyüp Sultan Bulvari 110, B1

Faizci Sk. 111, D3
Fatih Cad. 111, E4
Fatih Nişanka Cad. 112, A8
Fatih Sultan Minberi Cad. 112, C5
Fatih Türbesi Sk. 117, F13
Fenerli Kapı Sk. 119, E20
Feridiye Cad. 114, B9
Fesçi Sk. 113, E5
Fethi Bey Cad. 118, A18
Fethi Çelebi Cad. 110, C2
Fethiye Cad. 111, E3
Fetva yokuşu Sk. 118, B17
Fevzi Paşa Cad. 111, D4
Fevziye Cad. 118, A18
Feylesof Sk. 114, B9
Feyzuilah Efendi Sk. 117, E14
Fıçıcılar Sk. 110, B2
Fil yokuşu Sk. 118, A17
Firin Sk. 116, A14
Fitil Sk. 114, B9
Fuat Paıa Cad. 118, C18
Fütuhat Sk. 113, E8

Gakıp Sk. 114, B10
Galata mumhane Cad. 113, F8
Galatl Köprsü 119, D17
Gazhane Bostan Sk. 115, D9
Gedikpaşa Camii Sk. 118, C19
Gedikps. 118, C19
Gençtürk Cad. 118, A18
Gökalp Ziy Sk. 116, C14
Gühercile Sk. 116, A14
Gül Dede Sk. 111, D4
Güldalı Sk. 110, C2
Gülsuyu Sk. 110, C1
Gümüşsuyu Cad. 115, D10
Günaydin Sk. 116, B14
Gündes Sk. 110, B1

Güneşli Sk. 114, C11
Gürbüzler Cad. 110, A1
Güvercin Sk. 110, B1
Guraba Hastanesi Cad. 116, C13

Hac Ahmet Karakolu Sk. 114, A9
Hacı Ahmet Karakolu Sk. 113, F5
Hacı Evhad Sk. 116, A16
Hacı Hamza Mektebi Sk. 116, A16
Hacı İbrahim Sk. 111, E3
Hacı İzzet paşa Sk. 115, D10
Hacı Kadın Cad. 118, A17
Hacı Piri Cad. 116, A16
Hacı Süleyman Sk. 113, D5
Haci Ahmet Bostani Sk. 113, F5
Haci Ahmet Bostani Sk. 114, A9
Haci Bilgin Sk. 110, B2
Haci Salih Sk. 117, E14
Hafız Paşa Sk. 111, E4
Hakim Sk. 113, E6
Hakperest Sk. 117, E13
Halıçılar Cad. 117, E13
Haliç Cadı 111, F4
Haliç Köprüsü 111, D1
Halicilar Sk. 117, D14
Hamalbaşı Cad. 113, F6
Hamami Sk. 114, B11
Hamidiye Cad. 119, D18
Hanı Sk. 118, C18
Haraççı Ali Sk. 113, F8
Harap Çesme Sk. 111, F1
Harikzedeler Sk. 118, A18
Harput Sk. 113, E8
Hasırcı Melek Sk. 116, B14
Hasan Fehmi Pş. Cad. 111, D4
Haseki Cad. 117, E15
Hasim Işcan Geçidi 118, A18
Hasköy Cad. 111, F1
Hasköy Camii Sk. 111, F2
Hasköy İskelesi Sk. 111, F1
Haşnun 114, B10
Hatip Naci Sk. 117, D15
Hatip Sk. 116, A13
Hattat İzzet Sk. 117, F13
Hattat Nazif Sk. 117, F13
Havlucu Sk. 117, E14
Havuz Kapısı Cad. 113, D7
Haydarbaba Sk. 110, C1
Hayriye Sk. 114, B11
Hayriye Tüccarı Cad. 118, A19
Hekimoşlu Ali Paşa Cad. 116, C15
Hemşehri Sk. 118, A19
Hırkai Serif Cad. 117, E13
Hisar Alti Sk. 112, C8

Hisarönü Sk. 111, E1
Hissedar Sk. 117, E14
Hoca Efendi Sk. 117, E13
Hoca Hanı Sk. 119, D18
Hoca Kadın Cad. 116, B16
Hoca Tahsin Sk. 113, F8
Hocaçakir Cad. 111, D2
Horhor Cad. 117, F14
Hüdavendigar Cad. 119, D18
Hükümet Konağı Sk. 119, D18
Hüseyin Kâz m Sk. 116, C15
Hüseyin Rem i Bey Sk. 111, F4
Hüsrev Paşa Sk. 117, E13

Ibadethane Sk. 118, A17
Ibrahim Paşa Türbesi Sk. 116, A15
Ilk. Mektep Sk. 116, B15
Imam Murat Sk. 117, F14
Ipek Kaytan Sk. 111, D4
Ishak Paşa Cad. 119, E19
Işik Çik. 113, E6
Işik Sk. 113, E6

İbni Kemal Cad. 119, D18
İbrahim Ağa Cad. 110, A3
İbrahim Cavuş Sk. 116, B14
İbrahim Müteferrike Cad. 117, D14
İbrahim Paşa Yok. 118, B19
İç Kalpakçi Sk. 116, C16
İlyasçelebi Sk. 114, C11
İlyazade Camii Sk. 116, A13
İmran Öktem Cad. 119, D19
İncebel Sk. 111, F3
İncirlik Sk. 110, A1
İnebolu Sk. 115, D10
İnkilâp Cad. 117, F15
İplikçi Sk. 113, E5
İşgören Sk. 110, A2
İslambo Cad. 117, F13
İsmail Ağa Cad. 111, F3
İsmail Sefa Sk. 118, A19
İstasyon Arkasi Sk. 119, E18
İstiklâl Cad. 114, B10
İtfaiye Cad. 118, A17
İzci Türk Sk. 116, C16

Kabakulak Sk. 111, D4
Kabasakal Cad. 119, E19
Kadı Çeşmesi Sk. 111, F4
Kadı Mehmet Sk. 113, D6
Kadı Sk. 111, E4
Kadırga Limanı Cad. 118, C19
Kadırga Meydanı Sk. 118, C20
Kadırgalar geçiti 115, F9
Kadiriler Yk. 114, B11
Kâhal Bağı Sk. 110, B4
Kalaftçı Yusuf Sk. 113, D5
Kalaycı Bahçesi Sk. 111, F1

Kale Boyu Sk. 117, F15
Kale Dibi St. 116, A14
Kaleci Sk. 119, D20
Kalfa Sk. 111, D4
Kameriye Sk. 113, F6
Kamil Sk. 117, F14
Kanısıcak Sk. 112, C8
Kanatlı Sk. 110, B1
Kankardes £k. 113, E5
Kapı Sk. 113, F7
Kara Keçill Sk. 117, D14
Kará Kulak Sk.116, B15
Karabulut Sk. 111, D4
Karadeniz Cad. 112, B8
Karagöz Tekkesi Sk. 116, B15
Karakadı Sk. 117, E14
Karaköy Cad. 113, F8
Karakurum Sk. 113, F6
Karanfilli Çavuş Sk. 116, B13
Karasarıklı Sk. 112, B8
Kardeşler Sk. 112, C5
Kargı Sk. 117, E15
Kariye Bostanı Sk. 111, D3
Kaşar Sk. 111, E2
Kaşikçi Mektebi Sk. 116, B14
Kasım Odaları Sk. 111, D3
Kasımpaşa Hasköy Yolu 112, C6
Kasımpaşa Kabristanı Sk. 112, C6
Kasımpaşa-Zincirlikuyu Yolu 113, D5
Kasap Hurşit Sk. 114, B9
Kasap Sk. 111, D3
Kasapbası Sk. 117, D15
Katip Çelebi Sk. 118, A17
Katip Kasım 117, E15
Katip Kasım Cami Sk. 118, A19
Katip Sinan Camii 118, C19
Kavalalı Sk. 117, F14
Kaya Cad. 111, E3
Kayin Sk. 110, B2
Kazancılar Cad. 118, B17
Kazikli Bağ Sk. 110, A1
Kazim İsmail Cad. 119, D18
Keçeci meydanı Sk. 110, C4
Kefevi Sk. 111, D3
Kehribar Sk. 116, C16
Kemankeş Cad. 113, F8
Kemeraltı Cad. 113, F8
Kemikli Burun Sk. 116, A13
Kennedy Cad. 119, E17
Kennedy (Sahil Yolu) 117, E16
Kennedy (Sahil Yolu) Cad. 117, D16
Keramet Sk. 113, E6
Kerestecı Sk.116, B14
Kirbaççi Sk. 117, F13
Kiremit Cad. 111, E3
Kirimi çeşme Sk. 111, D2

Kırımlı Aziz Sk. 116, C15
Kırtay Sk. 111, E4
Kİşla Aralığı Sk. 110, B2
Kiyak Sk. 118, A17
Kızıl Elma Cad. 117, D14
Kızıltaş Sk. 118, A19
Kızanlık Cad. 117, F13
Klodfarer Cad. 119, D19
Koca Mustafa 116, B16
Koca Mustafa Paşa Cad. 116, C16
Koca Sinan Cad. 117, D13
Koçyiğit Sk. 113, F5
Köprülüzada Sk. 116, C14
Köroğlu Sk. 111, E3
Kolcubaşi Sk. 116, C13
Korkut Ata Sk. 117, E13
Kozlu-Ayazma Yolu 116, A15
Küçük Ayasofya Cad. 119, D20
Küçük Langa Cad. 117, E15
Küçük Pazar Cad. 118, B17
Küçük Saray Meydanı Cad. 116, B14
Külâhlı Sk. 111, D4
Kürçü Bostani Sk. 116, B13
Kürkçü Çeşmesi Sk. 111, E2
Kürkçübaşi Çeşmesi Sk. 117, E15
Kulaksız Cad. 113, D6
Kulluğu Cad. 114, B10
Kumbaracı Yokuşu 113, F7
Kumbarahane Cad. 111, F1
Kumkapı İst. Cad. 118, B20
Kumrulu Sk. 114, C11
Kumrulu Yok. 114, C11
Kurdele Sk. 113, F6
Kurtağa çeşme Cad. 111, D3
Kurtoğlu Sk. 113, F5
Kuru Sebil Sk. 116, C15
Kutlu Sk. 114, C10
Kutlugün Sk. 119, E19
Kuvayı Milliye Cad. 116, C15
Kuytu Sk. 113, E7

Lâleli Cad. 118, A19
Lalezar Sk. 116, B15
Lalizade Sk. 116, B14
Lamartin Cad. 114, C9
Langa Bostanları Sk. 117, F15
Liva Sk. 114, C10
Lobut Sk. 113, E7
Lodos Sk. 111, E4
Lokal Sk. 110, B2
Londra Asfalt 116, A13
Lüleci Hendek Cad. 113, F8
Lütfü Paşa Sk. 117, D14

Mabut Sk. 113, D6
Maç Sk. 114, C10
Macar Kardeşler Cad. 117, F13
Mahfil Sk. 118, A18

Kartenregister 123

Maliye Cad. 113, F8
Maltepe Cad. 110, A2
Maltepe Çıkmazı 110, A2
Maltepe Topkapı Yolu 110, A4
Manyasîtade Cad. 111, E4
Marifetname Sk. 110, B4
Marmara Cad. 116, C16
Marul Sk. 111, D1
Masura Sk. 116, C14
Meşelik Sk. 114, C10
Meşrutiyet Cad. 113, F7
Mebusan Yokuşu 115, D11
Mecit Bey Sk. 116, B14
Meclisi mebusan Cad. 115, D11
Mekt. Cad. 114, C11
Melechoca Cad. 111, D4
Melez Sk. 113, D6
Merkez Efendi Cad. 116, A13
Mescit Sk. 116, A13
Mesih Paşa Cad. 118, A19
Mesnevihane Sk.112, A7
Mesrutiyet Cad. 114, A10
Mete Cad. 115, D9
Mevlanakapı Cad. 116, A14
Mevlanakapı -Topkapı Yolu 116, A13
Meydan Arkası Sk. 119, D20
Meymenet Sk. 111, E4
Mezarlık Sk. 110, C2
Mimar Ağa Cad. 119, E19
Mimar Kasım Cad. 116, B14
Mimar Sinan Cad. 118, B17
Mimi Külhanı Sk. 114, C12
Minare Sk. 113, F7
Miralay Şefik Bey Sk. 115, D10
Mis Sk. 114, C10
Mismarci Sk. 111, F3
Mithatpaşa Cad. 118, B19
Mobilyacı Sk. 110, C2
Molla Bayırı Sk. 115, D10
Molla Gürani Cad. 117, D14
Molla Hüsrev Sk. 117, F14
Mollataşı Cad. 118, B19
Morova Sk. 116, C13
Mucit Sk.117, D15
Müellif Cad. 113, E7
Müezzin Sk. 117, E15
Müftü Hamamı Sk. 111, F4
Müftü Sk. 111, D3
Muhtar Hüsnü Sk. 117, E13
Mukarrir Salih Zeki Sk. 111, F4
Münzevi Cad. 110, B1
Münzevi Kışla Cad.110, B2
Murat Efendi Sk. 111, E3
Murat Molla Sk. 111, E3
Murat Pasa Sk. 117, E14
Mürsel paşa Cad. 111, F3
Müstantik Sk. 112, C8
Mustafa Kemal Cad. 117, F15

Mutemet Sk. 117, E13

N. Okaner Sk. 110, A1
Naip Sk. 116, B15
Naksi Sk. 117, E15
Nalıncı Bayırı Sk. 113, D6
Namazâh Sk. 110, C2
Namik Kemal Cad. 117, F15
Nar Sk. 110, A3
Naz rağa Camii Sk. 110, C1
Neşter Sk. 111, D3
Necatibey Cad. 113, F8
Necip Asım Sk. 116, C14
Nefer Sk. 118, A18
Nevşehirli İbrahim Paşa Cad. 117, F13
Neva Sk. 113, E6
Nimet Sk. 110, B1
Nişanca Bostan Sk. 118, A19
Nıyazii mısrî Sk. 110, C3
Nöbethane Cad. 119, D18
Nüri Ziya Sk. 113, F7
Nurettin Tekkesi Sk. 111, D4

Ocaklı Sk. 117, E13
Okçu Musa Cad. 113, E8
Okmeydanı Cad. 112, B5
Okumuş Adam Sk. 117, E13
Ordu Cad. 118, A19
Orgeneral Abdurrahman Nafiz Gürman Cad. 116, C16
Ortabahçe Cad. 115, F9
Osmanlı Sk. 114, C10
Oşuzhan Cad. 117, D14
Otakçıbaşi Sk. 110, C2
Oyuncu Sk. 119, E20
Ozbekler Sk. 118, C19

Öksüzler Sk. 117, E14
Ömer Hayyam Cad. 113, F6
Ömre Sk. 111, F1
Önder Sk. 110, A1
Özbek Süley-Efendi Sk. 117, D15

Palaska Sk. 114, B11
Pamukçu Sk. 116, C16
Pasa Bakkal Sk. 114, C10
Paşa Çeşmesi Sk. 116, B15
Paşa Hamamı Sk. 111, D2
Paşa Odaları Cad. 116, B13
Paşalı Hasan Sk. 113, E5
Pasmakçı Caıyır Cad. 110, B1
Pazar Tekkesi Sk. 116, B13
Perendekar Sk. 111, D4
Peykhane Sk. 119, D19
Pir Hüsameddin Sk. 113, E5
Pişmaniye Sk. 113, D6
Piyale Paşa Bulvarı 113, D5
Prof. Naci Sensoy Cad. 111, D4
Pürtelaş Sk. 114, C10
Püskülcü Sk. 111, E2
Pulcu Sk. 116, B16

Ragıp Bey Sk. 117, F14
Ragip Gümüşpala Cad. 118, B17
Rami-Edirnekapı Cad. 110, B2
Recep paşa Cad. 114, C9
Refah Sk. 117, F13
Refik Saydam Cad. 113, E7
Reşadiye Cad. 119, D17
Rifat Ef. Sk. 111, E3
Rıhtım Cad. 113, F8
Rıza Uzun Sk. 110, B2

Safi Efendi Sk. 117, E14
Safran Sk. 117, D13
Sağıroğlu Sk. 114, C10
Sahaf Mezarlığı Sk. 113, E5
Sahne Sk. 113, F6
Sair Fuzuli Sk. 117, E14
Sair Haşmet Sk. 118, A19
Sair Mehmet Emin Sk. 117, D14
Sait Efendi Sk. 118, A19
Sakızağacı Cad. 114, B10
Salih paşa Cad. 112, C8
Salma tomruk Cad. 111, D3
Salukule Cad. 110, B4
Samancı Ferhat Cad. 113, F6
Samancılar Cad. 110, B1
Samatya Cad. 117, E16
Samatya Sahil Sk. 117, E16
Sami Onar Cad. 118, B18
Sanatkarlar 114, C11
Sancaktarlar Tekkesi Sk. 116, C16
Sarı Beyazıt Sk. 118, B17
Sarı Güzel Cad. 117, E13
Sarı Musa Sk. 117, E14
Sarı Nasuh Sk. 117, D13
Saraç İshak Sk. 118, B19
Saray ağası Cad. 111, E3
Saray arkası Sk. 115, D10
Saray Meydanı Cad. 116, B14
Saray Sk. 118, C19
Sarmaşık Sk. 110, C4
Sav Kiya Sk. 111, F1
Saydam Cad. 113, F6
Sazlıdere Cad. 114, C9
Sebzeci Sk. 116, B16
Selamağası Cad. 116, B14
Selim Paşa Sk. 117, F14
Selim Sabit Sk. 117, D14
Selime Hatun Camii Sk. 115, D10
Sena Sk. 111, D3
Serçe Sk. 110, B1
Serdar- I Ekrem Sk. 113, F7
Serdar Ömer paşa Sk. 113, F5
Serdar Sk. 117, F13
Seref Ef. Sk. 119, D18
Serefüye Sk. 112, C8
Servi Sk. 110, B2
Seyfullah Efendi Sk. 116, B15

Seyh Rasit Cad. 110, A1
Silistre Sk. 111, E4
Silivrikapı Cad. 116, A15
Silivrikapi Hisaralti Sk. 116, A15
Silvrikapı Mevlanakapı (Onuncu Yil Cad.) Yolu 116, B14
Simitçi Sakir Sk. 117, F14
Simkeş Camii Sk. 116, A13
Sinan Camii Sk. 112, B8
Sinarpaşa Yumak Sk. 113, D5
Sipahi fırını Sk. 113, E6
Sıraselviler Cad. 114, C10
Sirkeci Sk. 110, C1
Sirket Sk. 113, F5
Sırrı Paşa Sk. 116, C15
Sıtkı Sk. 114, B11
Sobacı Sk. 113, D5
Sobacılar Cad. 118, C17
Sofali keçiler Cad. 110, C4
Softa Sinan Sk. 117, E14
Sofular Cad. 117, F14
Sofyalı Sk. 113, F7
Soğancı Sk. 114, C10
Soğukçeşme Sk. 119, E19
Somuncu Sk. 114, C10
Soy Sk. 110, A3
Spor Cad. 115, E9
Su Yolu 117, F13
Süleymaniye 118, B18
Sümer Sk. 110, A1
Sulak Çeşme Sk. 115, D10
Sultan çeşme Cad. 111, D3
Sultan Mektebi Sk. 119, D18
Sultan Selim Cad. 111, F4
Sulukule Cad. 110, B4
Suphi Paşa Sk. 117, D15
Sur Sk. 110, A3

Şahin Sk. 112, C5
Şair Cem Sk.117, D13
Şair Nabi Sk. 111, F4
Şair Nedim Cad. 115, F9
Şair Ziya Paşa Cad. 113, E8
Şarapnel Sk. 118, B20
Şebnem Sk. 111, F4
Şehin Sah Pehlevi Cad. 119, D18
Şehit Muhtar 114, C9
Şemsettin Sami Sk. 117, E13
Şeyh Hüsamettin Sk. 116, B15
Şeyh Veli Sk. 113, D6
Şeyhülislam Sk. 110, B4
Şifahane Sk. 118, B17
Şişehane Sk. 111, D2

Tahmis Cad. 118, C17
Tahtakadı Sk. 113, E6
Tahtakale Cad. 118, C17
Taksim Cad. 114, C9
Tali Sk. 113, E7
Tanburacı Sk. 111, E3

Tarakçı Cafer Sk. 118, C18
Tarakçılar Cad. 118, C18
Tarlabaşı Bulvarı 113, F6
Taş Köprülüzade Sk. 116, C15
Taşkışla Cad. 115, D9
Tasvir Sk. 119, D18
Tatıpınar Sk. 116, C13
Tatar Beyi Sk. 113, F8
Tatlıcı Sk. 111, D3
Tatli Sk. 113, E7
Tavşan Sk. 114, B9
Tavasi Çesme Sk. 118, B20
Tekke Maslağı Sk. 116, A15
Tepebaşi Cad. 113, E7
Tercüman Yunus Sk. 111, E3
Tersane Cad. 113, E8
Tetik Sk. 111, D3
Tetimmeler Cad. 117, F13
Tevfik Fikaret Sk. 117, D14
Tezgahcı lar Sk. 117, F13
Tiryakci Sk. 116, A14
Tiryaki Hasan Paşa Sk. 117, F15
Tiyatro Cad. 118, B19
Tomruk Sk. 118, C17
Tomrukçu Sk. 117, E14
Tomtom Kaptan Sk. 113, F7
Topçu Cad. 114, C9
Topçu Emin Bay Sk. 117, D15
Topçular Cad. 110, A1
Tophane İskelesi Cad. 114, C12
Topkapı Cad. 116, B13
Topkapı Davut Paşa Cad. 110, A4
Topkapı Sk. 116, B13
Topkapı-Edirnekapı Cad. 110, C3
Toptancı Sk. 111, E3
Tornacı Sk. 110, A2
Toygar Sk. 112, B5
Tülcü Sk. 118, C19
Turan Sk. 114, B9
Turanlı Sk. 118, B19
Türbedar Sk. 119, D19
Turgut Özal Cad. 116, B13
Türk gücü Sk. 114, B11
Türkçü Sk. 117, D15
Türkeli Cad. 118, A19
Türkocağı Cad. 119, D18
Turna Sk. 114, C9
Turnacıbaşı Sk. 114, B10

Ulufeci Sk. 116, B16
Uygur Sk. 114, B9
Uzun çarşı Cad. 118, C17
Uzun Yol Sk. 111, D4

Üftade Sk. 114, C9
Ülker Sk. 114, C10
Üsküplü Cad. 112, C8

Vasıf Çınar Cad. 118, C18
Vatandas Sk. 117, E13

Vatanperver Sk. 117, E14
Vefa Cad. 118, B17
Velet Çelebi Sk. 116, C14
Veli Sk. 116, B14
Veni Dergah Sk. 116, B15
Vezir Cad. 116, C14
Vezir Sk. 116, C14
Vezirhanı Cad. 118, C19
Vezneciler Cad. 118, B18
Vidin Cad. 116, B15
Visneli Tekke Sk. 115, E9
Vişnezade Camii Önü Sk. 115, E9
Vodina Cad. 111, E3
Voyvoda Cad. 113, F8

Yağlıkcılar Cad. 118, C18
Yalı köskü Cad. 119, D17
Yamak Sk. 117, D13
Yaran Sk. 117, E13
Yatağan hamamı Sk. 111, E1
Yatağan Sk. 111, E2
Yavedut Cad. 111, D1
Yavuz Selim Cad. 111, F4
Yay Gecidi Sk. 112, C5
Yayla Cad. 116, B14
Yaylak Sk. 116, B14
Yedi Şehitler Sk. 116, B16
Yediemirler Sk. 111, E4
Yedikuyular Cad. 114, C9
Yener Tosyali Cad. 118, B18
Yeni Kafa Sk. 114, B9
Yeni Nalbant Sk. 114, C9
Yeni Yuva Sk. 114, C11
Yenicarşı Cad. 113, F6
Yeniceriler Cad. 118, C19
Yenidere Sk. 112, C6
Yenikapı Kumsalı Sk. 117, E16
Yenimahalle Sk. 111, D1
Yerebatan Cad. 119, D19
Yesarizade Cad. 117, F13
Yeşil Sarıklı Sk. 111, F4
Yeşil Tekke Sk. 117, F14
Yildirim Cad. 111, F3
Yokuş Çeşme Sk. 117, D15
Yolcuzade İskender Cad. 113, E7
Yolgeçen Bostanı Sk. 117, D13
Yonca Sk. 110, B1
Yumak Sk. 113, D5
Yüksek Kaldırım Cad. 113, F8
Yusuf Ziya Paşa Sk. 111, E4
Yüzbaşı Sabahattin Evren Cad. 114, C12

Zahireci Sk. 110, C1
Zaviye Sk. 117, D13
Zeynel Ağa Sk. 110, C4
Zeyrek Cad. 118, A17
Zeyrek Mehmet Paşa Sk. 118, A17

Orts- und Sachregister

Wird ein Begriff mehrfach aufgeführt, verweist die **fett** gedruckte Zahl auf die Hauptnennung, eine *kursive* Zahl auf ein Foto.
Abkürzungen:
Hotel [H]
Restaurant [R]

Adalet Kasrı [Edirne] 90
Ägyptischer Basar [MERIAN-Tipp] 10/11, **28**, *29*, 83
Ahmed III. Çeşmesi 43
AKBİL 105
Akmerkez 30
Altorientalische Sammlung 65
Am Abend 32
Anadolu Hisarı 86
Anadolu Kavaği 87
Anemon Galata Hotel [H] 14
Anreise 102
Antiquitäten 27
Apotheken 104
Arabermoschee 43
Arap Camii **43**, 80
Arasta Café [R] 72
Archäologische Museen [MERIAN-TopTen] 64, 65
Arkeoloji Müzeleri [MERIAN-TopTen] 64, 65
Arkeoloji Müzesi 65
Armada Hotel [H] 23
Arnavutköy 86
Asmalı'da Cavit [R] 18
At Meydanı 44
Atatürk Arboretum 25
Atik Valide Camii 44
Atik-Valide-Moschee 44
Ausflüge 71
Auskunft 102
Auto 106
Aya İrini **44**, 58
Ayasofia Konakları [H] 14
Ayasofya [MERIAN-TopTen] 40/41, 42, 43, **45**, *45*
Ayazma Camii 47
Ayo Nikola 48
Askerî Müze 66
Aşiyan Müzesi 86

Bab üs-Saadet 60
Bab üs-Selâm 58
Bab-i hümayun 58
Babylon [MERIAN-Tipp] *32*, 33
Bağdat Caddesi 27
Baharat – Gewürzhändler 24
Bahnhof Haydarpaşa 50
Baltalimanı 86
Banliyö Treni 108
Bars 34
Basare 28
Bayezid Külliyesi [Edirne] 89
Baylan [R] 20
Bebek 86
Beylerbeyi Sarayı 48
Beylerbeyi-Palast 48
Bereketzade Çeşmesi 78
Beşiktaş Ekolojik Kırk Ambar 24
Bevölkerung 94
Beyazıt Camii 48
Beykoz 87
Beylerbeyi 85
Beşiktaş 84
Bibliothek Ahmeds III. 61
Bibliothek Atıf Efendis 83
Bibliothek Hüsrev Paşas 73
Blaue Moschee 43, **56**
Boğaziçi Köprüsü 84
Bosporusfahrt [MERIAN-TopTen] 84
Bozdoğan Kemeri **48**, 82, *82*
Brunnen Ahmeds III. 43
Bücher 29
Buchtipps 103
Burgazadası 90
Bursa 91
Bus 106
Büyük Çamlıca 85
Büyük Postane 48
Büyükada 90
Büyükdere 87

Café Gündoğdu 78
Café Pierre Loti [R] 72
Cafés 20
Çemberlitaş 48
Çengelköy 85
Çengelköyü Baharatçısı 24
Cemal Reşit Rey Konser Salonu 35
Changa [R, MERIAN-Tipp] 21
Chora-Kirche [MERIAN-TopTen] 50, 51
Christus-Kloster [Prinzeninseln] 90
Çinar Restaurant [R] 87
Çinarcık 91
Çinili Köşk 58, **65**
Çirağan Sarayı 84
Cité de Pera *16*
Çiya [R] 23
Çubuklu 86
Çukurcuma 27
Cuppa [R] 23, *25*

Daphnis Hotel [H] 14
Darüzziyafe [R] 81
Deniz Müzesi 39
Deniz Otobüsleri 106
Deniz Park [R, MERIAN-Tipp] 18
Dersaadet Hotel [H] 15
Develi [R] 18
Diplomatische Vertretungen 103
Diskotheken 34
Divan Edebiytı Müzesi 50
Doğan Apartmanları 78
Dolmabahçe 84
Dolmabahçe Sarayı 49
Dolmabahçe-Palast 49
Dolmuş 106

Ece [R] 20
Edirne 87
Einkaufen 26
Emirgân 86
Energiemuseum 39
Enerji Müzesi 39
Englisches Krankenhaus 78
Eski Bankalar Sokak 79
Eski Camii [Edirne] 88
Eski Şark Eserleri Müzesi 65
Essen und Trinken 16
Events 36
Eyüp [MERIAN-TopTen] 72, *75*
Eyüp Camii 72
Eyüp Medanı 72

REGISTER

Familientipps 38
Fatih Camii 49
Fatih Çocuk Park Ormanı 39
Fatih Köprüsü 86
Feiertage 103
Fernbus 108
Feste 36
Fıccın [R] 19
Freizeitparks 39

Galata 76
Galata Evi [R] 76
Galata Kulesi [MERIAN-TopTen] 49, **50**, 76, 76, 78
Galatabrücke 70/71, 79, 80
Galataturm [MERIAN-TopTen] 49, **50**, 76, 76, 78
Galerien 68
Gedeckter Basar [MERIAN-TopTen] 26, 27, **28**
Geld 104
Geografie 95
Georgskloster [Prinzeninseln] 90
Geschenke 29
Geschichte 96
Gezi Pastanesi [R] 21
Glas 31
Goethe-Institut Istanbul 35
Grand rue de Péra 76
Große Moschee [Bursa] 91
grüner reisen 22
Gülhane Parki 39

Hacı Abdullah [R] 19
Hacı Bekir [R] 16, 21
Hagia Sophia [MERIAN-TopTen] 40/41, 42, 43, **45**, 45
Halki Palas [H, MERIAN-Tipp] 15
Hamdi Et Lokantası [R] 18
Hauptpostamt 48
Haydarpaşa Garı 50
Heybeliada 90
Hıdıv Kasrı 50
Hippodrom 44
Hırka-ı Şerif Dairesi 61
Horhor Bit Pazarı 28
Hotels 13
Hünkâr Iskelesi 87
Huber Köşkü 87

İntercontinental Ceylan [H] 13
Internationales Musikfestival [MERIAN-TopTen] 36, 37
Internet 104
Irenenkirche 44
İskele Camii 74
Istanbul Culinary Institute [R] 20
İstanbul Modern 66, 67
İstikal Caddesi 27, 76
İstinye 86
İznik 91

Kalenderhane Camii 82
Kalpazankaya [R, Prinzeninseln] 90
Kanaat Lokantası [R] **20**, 83
Kandilli Sahil ve Rıhtım Balıkçısı [R] 84
Kanlıca 86
Kapalı Çarşı [MERIAN-TopTen] 26, 27, **28**
Karaköy Lokantası [R, MERIAN-Tipp] 20
Kariye Camii [MERIAN-TopTen] **50**, 51
Kaufhäuser 30
Kemankeş Caddesi 80
Keramik 31
Keramik- und Schmuckfliesensammlung 65
Kılıç Ali Paşa Camii 52
Kılıç-Ali-Paşa-Moschee 52
Kilise Camii 83
Kınalıada 90
Kinos 35
Kirche der heiligen Sergios und Bakchos 52
Kız Kulesi 52
Kleidung 43
Kneipen 34
Konditoreien 20
Konstantinssäule 48
Konzerte 35
Krankenhaus 104
Küçük Ayasofia Camii 52
Küçüksu 86
Kulinarisches Lexikon 100
Kulturzentren 35
Kuruçeşme 85
Kuzguncuk 84

Lage 95
Leanderturm 52
Les Ottomans [H] 13

Marinemuseum 39
Mausoleum Adile Sultans 73
Mausoleum Şeyh Vefas 83
Medizinische Versorgung 104
Meşhur Bebek Badem Ezmesi [R] 21
Metro 108
Metrobus 106
Mietwagen 106
Militärmuseum 66
Miniatürk 39
Mısır Çarşısı [MERIAN-Tipp] **28**, 29, 83
Mode 30
Mosaikenmuseum 66
Moschee Bayezids II. 48
Moschee der heiligen Quelle 47
Moschee des Eroberers 49
Mozaik Müzesi 66
Muradiye [Edirne] 89
Muradiye-Moschee [Bursa] 91
Museen 39, 64
Museum der Klassischen Archäologie 65
Museum des türkischen Judentums 80
Museum für osmanische Hochliteratur 50
Museum für türkische und islamische Kunst 68
Musik 31
Mutfak Dili [R] 20

Nebenkosten 104
Neue Moschee 62
Nikolas-Kirche 48
Nişantaşı 27
Notruf 104
Nuruosmaniye Camii 53
Nuruosmaniye-Moschee 53

Oper 35
Orta Kapı 58
Ortaköy 84

Orts- und Sachregister

Ortaköy Princess [H] 13
Osmanbey 27
Österreichisches Kulturforum Istanbul 35
Otobüs 106
Öz Bolu Yemek Kebap Salonu [R] 20

Pandeli [R] 19, *21*
Paşabahçe **31**, 86
Pera Müzesi 67
Pera-Museum 67
Pera Palace [H, MERIAN-Tipp] *12*, 14
Politik 95
Porzellan 31
Post 104
Prinzeninseln 90
Prinzenmoschee 54

Rahmi M. Koç Teknik Müzesi 39
Reisedokumente 105
Reiseknigge 105
Reisewetter 105
Religion 95
Resim ve Heykel Müzesi 67
Restaurants 18
Richmond Hotel [H] 13
Robinson Crusoe 29, *29*
Roxy [MERIAN-Tipp] 34
Rumeli Hisarı **53**, 86
Rumeli Kavaği 87
Rüstem Paşa Camii **53**, *53*, 83
Rüstem-Paşa-Moschee **53**, *53*, 83
Rüstem Paşa Kervansaray Oteli [H, Edirne] **87**, 90

Şahkulu-Moschee 78
Şehirhatlari 106
Şehzade Camii **54**, 81
Şifa Baharatçısı Celalettin Sancar 24
Şişli % 100 Ekolojik Halk Pazarı 24
Şişli Belediyesi Bilim Merkezi 39
Sabancı Üniversitesi Sakıp Sabancı Müzesi [MERIAN-Tipp] 66
Saçli Abdülkadir Efendi Mescidi 74
Sadberk Hanim Müzesi **67**, 87

Sammeltaxi 106
Saray-ı-Cedid [Edirne] 89
Sarıyer 87
Sed Oteli [H] 14
Seebus 106
Sehzade-Moschee **53**, 81
Selimiye Camii [Edirne] *88*, 88
Sen Piyer Hanı 79
Siirt Şeref Büryan Kebap Salonu [R] 19
Sofyalı 9 [R] 18
Sokollu Mehmed Paşa Camii 54
Sokollu-Mehmed-Paşa-Moschee 54
Spaziergänge 70
Splendid Oteli [R, H Büyükada] 90
Sprachführer Türkisch 98
St-Pierre-et-Paul 79
St.-Georgs-Krankenhaus 78
Stadtdampfer 106
Strand 39
Strom 105
Süleymaniye Camii [MERIAN-TopTen] **54**, **55**, 83
Süleymaniye-Moschee [MERIAN-TopTen] **54**, **55**, 83
Süreyya Operası 35
Sultan Ahmed Camii 43, **56**
Sultan's Inn [H] 15
Sultanahamet Park *42*
Suna'nın Yeri [R] 18
Sunrise Hotel [H] 15

Taksim Meydanı **56**, *57*
Taksim-Platz **56**, *57*
Tarabya 86
Tashkonak [H] 15
Taxi 106
Technikmuseum 39
Tekfur Sarayı 57
Tekfur-Palast 57
Telefon 105
Teppiche *30*, 31
Tersane Caddesi 80
Tophane Çeşmesi 57
Tophane-Brunnen 57
Topkapı Sarayı [MERIAN-TopTen] 43, **58**, *60*
Topkapı-Palast [MERIAN-TopTen] 43, **58**, *60*

Tram 107
Tramvay 107
Tünel **62**, 77, 108
Türk Musevileri Müsezi 80
Türk ve İslâm Eserleri Müzesi 68

Übernachten 12
Üç Şerefeli Camii [Edirne] 88
Untergrundbahn 108
Uluslararası İstanbul Müzik Festivali [MERIAN-TopTen] *36*, 37
Universität 83

Valens-Aquädukt **48**, 82, *82*
Vardar Palace Hotel [H] 15
Vefa Bozacısı 82
Vergnügungszentren 39
Verkehr 106
Cibali Balıkçısı [R] 18
Villa Zürich [H] 15
Vorortbahn 108

Wegzeiten 47
Willkommen 4
Wirtschaft 95

Yalova Termal Kaplıca Tasisleri [R, H] 91
Yalova-Termal 91
Yassıada 90
Yedikule 62
Yeni Camii 62
Yeni Köprü [Edirne] 87
Yeni Melek 35
Yeniköy 87
Yerebatan Sarayı [MERIAN-Tipp] **62**, *63*
Yerebatan-Zisterne [MERIAN-Tipp] **62**, *63*
Yeşil Camii [Bursa] 91
Yeşil Ev [H] 14
Yıldırım Camii [Edirne] 89
Yıldız 84
Yıldız Sarayı 63
Yıldız-Palast 63
Yoros Kalesi 87

Zeitungen 108
Zeitschriften 108
Zeitverschiebung 108
Zencefil [R] 24
Zoll 108

IMPRESSUM

Liebe Leserinnen und Leser,
vielen Dank, dass Sie sich für einen Titel aus unserer Reihe MERIAN *live!* entschieden haben. Wir freuen uns, Ihre Meinung zu diesem Reiseführer zu erfahren. Bitte schreiben Sie uns an merian-live@travel-house-media.de, wenn Sie Berichtigungen und Ergänzungen haben – und natürlich auch, wenn Ihnen etwas ganz besonders gefällt.

Alle Angaben in diesem Reiseführer sind gewissenhaft geprüft. Preise, Öffnungszeiten usw. können sich aber schnell ändern. Für eventuelle Fehler übernimmt der Verlag keine Haftung.

© 2012 TRAVEL HOUSE MEDIA
  GmbH, München
MERIAN ist eine eingetragene Marke der GANSKE VERLAGSGRUPPE.

Alle Rechte vorbehalten. Nachdruck, auch auszugsweise, sowie die Verbreitung durch Film, Funk, Fernsehen und Internet, durch fotomechanische Wiedergabe, Tonträger und Datenverarbeitungssysteme jeglicher Art nur mit schriftlicher Genehmigung des Verlages.

BEI INTERESSE AN DIGITALEN DATEN AUS DER MERIAN-KARTOGRAPHIE:
kartographie@travel-house-media.de

BEI INTERESSE AN MASSGESCHNEI-DERTEN MERIAN-PRODUKTEN:
Tel. 0 89/4 50 00 99 12
veronica.reisenegger@travel-house-media.de

BEI INTERESSE AN ANZEIGEN:
KV Kommunalverlag GmbH & Co KG
Tel. 0 89/9 28 09 60
info@kommunal-verlag.de

Ein Unternehmen der
GANSKE VERLAGSGRUPPE

TRAVEL HOUSE MEDIA
Postfach 86 03 66
81630 München
merian-live@travel-house-media.de
www.merian.de

4. Auflage

PROGRAMMLEITUNG
Dr. Stefan Rieß
REDAKTION
Simone Duling
LEKTORAT
bookwise, München
BILDREDAKTION
Nora Goth, Anna Hoene
SCHLUSSREDAKTION
Gisela Wunderskirchner
SATZ
bookwise GmbH, München
REIHENGESTALTUNG
Independent Medien Design,
Elke Irnstetter, Mathias Frisch
KARTEN
Gecko-Publishing GmbH
für MERIAN-Kartographie
DRUCK UND BUCHBINDERISCHE VERARBEITUNG
Stürtz Mediendienstleistungen, Würzburg

PEFC/04-31-1404

BILDNACHWEIS
Titelbild [Yeni Cami (Neue Moschee) zur blauen Stunde], VISUM: M. Hanke
Bildagentur Huber/G. Simeone 42 • Cuppa 21 • dpa Picture-Alliance: R. Hackenberg 75, I. Keribar/Lonely Planet 30 • Getty Images: Y. Liberman • R. Hackenberg 19 • imago Sport-fotodienst 63 • Istanbul Foundation for Culture and Arts: Mahmut Ceylan 36 • Jahreszeiten Verlag: M. Beckhäuser 16 • laif: D. Butzmann 32, 38, hemis.fr./M. Dozier 10/11, hemis.fr/R. Mattes 79, 40/41, NarPhoto/M. Kacmaz 50, P. Spierenburg 76, F. Tophoven 54, 88, M. Tueremis 12, 64 • look-foto: 56 • mauritius images: AGE 60, Alamy 53 • P. Neusser 2, 4, 9 u., 21, 26, 35, 46, 53, 67, 70/71, 82, 92/93, 94 • Shutterstock: Mikhail Markovskiy 45, Copit 49